de Frédéric
Noël 92

DEVANT LA MORT

CICÉRON

DEVANT LA MORT

PREMIÈRE TUSCULANE

présenté par Pierre Grimal

traduit du latin
par Danièle Robert

arléa

ISBN : 2-86959-096-2
© Mars 1991, Arléa.

A PROPOS DES TUSCULANES

L'histoire des mots n'est jamais dépourvue de surprises. Ainsi, les Tusculanae disputationes *ne sont pas des discussions, qui auraient eu lieu dans la villa que Cicéron possédait à Tusculum (près de l'actuelle Frascati), mais des réflexions, des « pensées diverses » sur les grands thèmes de la vie morale. La* disputatio *est la forme oratoire prise par le dialogue philosophique, tel que l'avaient pratiqué Platon, Xénophon, Aristote, et bien d'autres. Comme dans le dialogue grec, issu des enseignements de Socrate, un maître domine l'entretien, mais la règle du jeu exige que d'autres que lui posent les questions à partir desquelles il construira son exposé. Ce qui n'est pas un simple artifice de présentation. Le public en face duquel se trouve le maître représente la conscience commune, celle que n'est pas encore venu éclairer l'enseignement des philosophes, et qui ressent, douloureusement, tout ce qu'implique la condition humaine, avant tout, la mort, puis les souffrances du corps, puis celles de l'âme, cet abattement qui paralyse l'esprit, enfin les « turbulences » intérieures, ces* perturbationes, *que nous appelons des passions et qui s'op-*

9

posent à l'exercice serein de la pensée. Quatre « conférences »
traiteront, chacune, de l'un de ces problèmes, la cinquième
pourra conclure que, ces prétendus maux surmontés, le Sage,
conscient des vraies valeurs, atteindra au bonheur. C'est donc
à transcender les données brutes de notre nature que le maître
invite ceux qui l'écoutent, à parvenir à une vie de l'esprit déli-
vrée des angoisses auxquelles nous soumet notre corps. Il s'agit
moins ici de donner un enseignement d'ordre intellectuel, d'ini-
tier des élèves à des doctrines déterminées, que de présenter un
tableau global qui montre la confrontation de notre être et du
monde où il se trouve placé.

Les circonstances politiques, mais aussi les événements de sa
propre vie faisaient que les problèmes posés dans ces disputationes *étaient particulièrement actuels et urgents pour Cicé-*
ron, à qui ne manquaient pas, en cet été de l'année 45 av.
J.-C., les causes de chagrin et d'angoisse. Au mois de février,
il avait perdu sa fille, Tullia, morte brutalement après avoir
mis au monde un enfant qui ne vécut pas. Cette mort lui
avait, écrit-il, arraché tout son bonheur. Tullia était ce qu'il
avait de plus cher au monde. Quelques mois plus tôt il s'était
séparé de Térentia, sa femme ; il avait épousé, peu après, une
femme jeune, qui était sa pupille, Publilia, mais cette union ne
dura guère, une jalousie féminine ayant opposé la jeune épouse
et la fille. La mort de celle-ci, dont Publilia semble s'être
réjouie, précipita le divorce, et Cicéron restait seul, avec pour
toute consolation la philosophie.

Cette consolation était bien réelle. Les premiers moments de

10

douleur passés, Cicéron compose un traité, qu'il appelle, préci-
sément, une Consolation, *et où il rassemble les arguments*
qui, traditionnellement, tendent à prouver que la mort n'est
pas un mal, ni celle des êtres chers, ni la nôtre, et le principal
argument est fondé sur la survie de l'âme, de la personne elle-
même. Cicéron, ici, ne se contente pas de ce que lui ensei-
gnaient les philosophes, à la suite de Platon. Il va plus loin et,
acceptant des idées alors assez répandues dans la conscience
religieuse commune, forme le projet d'élever à sa fille morte un
sanctuaire, une chapelle, dirions-nous, où on lui rendrait un
culte comme à une divinité. Bien d'autres que Cicéron parta-
geaient la croyance qu'un être humain, dans la mort, devenait
un « héros » immortel. Des inscriptions parvenues jusqu'à
nous en portent témoignage et, peu de mois plus tard, César
assassiné sera lui aussi divinisé ! On comprend donc que les
arguments contenus dans la première Tusculane, *pour*
démontrer que l'âme ne périt pas en même temps que le corps,
ne sont pas pour lui un simple jeu de l'intelligence, mais
répondent à une conviction profonde, qu'il vient de vivre, et
l'on s'explique mieux la vivacité avec laquelle il va réfuter les
théories des philosophes qui dénient à l'âme son immortalité
personnelle, comme le font les stoïciens. La conclusion de ce
premier dialogue, dépassant les incertitudes que laissaient sub-
sister les arguments tirés des diverses doctrines, affirme, comme
si cela avait été vraiment démontré, que la mort nous permet
d'accéder à une vie où il n'y aura ni chagrin ni souci.

Une autre circonstance incite Cicéron à soutenir que ce que les hommes considèrent comme des maux n'en sont pas véritablement. *Au mois de mars de cette même année, César a remporté la victoire, définitivement, sur le parti pompéien qui, après la défaite de Thapsus, en Afrique, au mois d'avril 46, et le suicide de Caton, avait réussi à reprendre les armes en Espagne. Désormais, le régime républicain n'existe plus. Tout est entre les mains d'un seul, et l'on sait la souffrance qu'en éprouve Cicéron. Mais il se refuse à désespérer. Il comprend à quel point il est important que subsistent, auprès de César, des hommes dont la pensée soit libre, même si toute action réelle leur est interdite. Ils seront la « conscience » de Rome. Par eux, la philosophie sera présente dans la vie publique. C'est là, sans aucun doute, la raison pour laquelle Cicéron entreprend, alors même que la campagne d'Afrique n'est pas achevée, la rédaction de plusieurs ouvrages théoriques, qui, tous, pouvaient contribuer à agir sur les esprits et faire que la culture, les* studia, *jouent un rôle de plus en plus grand dans la cité. Il sait que la vie politique, à Rome, repose sur les* optimates, *l'aristocratie traditionnelle des vieilles familles, auxquelles s'ajoutent les « hommes nouveaux » (comme lui-même, mais, dans le passé, un personnage aussi important que Caton le Censeur, et beaucoup d'autres, venus des municipes), hommes de culture, orateurs écoutés, et ouverts aux conceptions politiques élaborées par les philosophes. C'est à eux que s'adresse Cicéron lorsque, en 46, il écrit les* Paradoxes des stoïciens, *qui ont pour objet de rendre acceptables à l'opinion des Romains les formules en apparence les plus choquantes de* ce stoïcisme rigoureux auquel se rattachait Caton. Il tente de mettre en forme un corps de doctrine qui rassemble, dans une même aspiration, tous les hommes de « bonne volonté », ceux qui surtout auront pour tâche de reconstituer la cité romaine lorsque les guerres civiles auront pris fin.

Par son abondance, par la variété des sujets traités, l'œuvre à laquelle Cicéron travaille, au cours de ces deux années, s'élève comme un monument dont la masse domine toute la vie politique, morale, intellectuelle de cette période. Elle fait de lui le « leader » incontesté de tous ceux qui, en raison de leur position ou de leurs facultés intellectuelles, sont appelés à participer à la conduite de l'État – lorsque César aura disparu, mais aussi dès le moment présent, parce que, Cicéron le sait bien, les activités de l'esprit sont loin d'être étrangères au vainqueur de Pompée et qu'il y a là un moyen d'influer sur lui.

Cette double intention de Cicéron, en s'adressant à la fois aux hommes d'État qui seront au pouvoir dans l'avenir et, indirectement, à César lui-même, explique le choix de M. Junius Brutus comme dédicataire des principaux traités écrits par lui pendant cette période.

Ce Brutus, qui devait, au mois de mars 44, participer à l'assassinat de César puis aux ultimes combats pour la République, contre Antoine et Octave, était le fils de Junius Brutus, mis à mort sur l'ordre de Pompée, en 78, lors des troubles qui avaient suivi la disparition du dictateur Sulla. Sa mère était Servilia, sœur de Caton (celui qui devait périr à

13

Utique). Elle descendait de Livius Drusus, l'adversaire de C. Gracchus. Longtemps, elle fut la maîtresse de César. De l'un et l'autre côté, donc, M. Junius Brutus se trouvait, par son ascendance même, engagé dans la vie politique, qu'il le voulût ou non. Le passé de sa famille l'y contraignait. Lui-même était né en 85, sept ans avant la mort de son père. Lorsque la guerre civile entre César et le parti sénatorial, conduit par Pompée, se trouva sur le point d'éclater, en 50 av. J.-C., il avait donc trente-cinq ans et sa carrière politique avait commencé. Il avait été questeur en Cilicie, en 53. A ce moment, il était proche des milieux pompéiens – mais l'antagonisme entre Pompée et César n'avait pas commencé. C'était le temps du triumvirat, qui unissait pour une action concertée Pompée, César et Crassus. Brutus, pourtant, n'avait apparemment point pardonné à Pompée son forfait de 78. En 52, il avait publiquement déclaré son hostilité à ce qui apparaissait comme une dictature exercée par Pompée, alors que César se trouvait éloigné de Rome, en Gaule, et que Crassus avait péri, l'année précédente, en Syrie, à Carrhes, pendant la guerre contre les Parthes. Aussi s'attendait-on à ce que, lorsque éclata la guerre civile, en 50, Brutus rejoignît César. Il fit le contraire, et rallia Pompée.

Il avait pour cela plusieurs raisons : sa parenté avec Caton, peut-être, mais surtout la ferme détermination de suivre le parti le plus « honorable », le plus conforme au Droit et à l'Honneur. Il ne se réconcilia pas pour autant avec Pompée, refusa même de lui parler lorsqu'il se trouva en sa présence,

14

mais, le considérant comme le chef légitime de l'État en danger, il considéra qu'il était de son devoir de combattre sous ses ordres. Alors qu'il aurait pu rester éloigné du théâtre des opérations, comme légat de Sestius, qui gouvernait la Cilicie (en Asie Mineure), il gagna de son plein gré la Macédoine, où devait avoir lieu la bataille. La veille du jour où celle-ci allait s'engager, il occupa son temps à rédiger un abrégé de l'histoire de Polybe.

César, qui savait que Brutus se trouvait dans le camp de Pompée, recommanda à ses généraux de veiller à ce que fût épargnée sa vie. Il le faisait, dit-on, par égard pour Servilia, mais il éprouvait une grande estime pour Brutus lui-même. Ce sentiment était partagé par beaucoup. Cicéron écrivait, par exemple : « J'ai toujours aimé Brutus, à cause de sa très grande intelligence, ses manières tout à fait charmantes, son honnêteté et sa fermeté rares. »

On comprend les raisons qui déterminèrent Cicéron à lui dédier les ouvrages qu'il composa pendant les mois où César exerça seul le pouvoir. Brutus était dans la force de l'âge, il avait atteint le moment où il lui appartiendrait d'exercer les magistratures majeures (préture, consulat), dès que la situation politique permettrait de rétablir la légalité républicaine. Il jouissait de l'estime de tous, et surtout, il était pénétré des principes philosophiques sur lesquels, désormais, devrait être fondée la politique romaine. Brutus n'était pas stoïcien (à la différence de son oncle Caton). Il suivait la doctrine de l'Ancienne Académie (pour laquelle Cicéron avait une certaine *tendresse), était porté à peser, dans chaque cas, le pour et le contre, mais restait fidèle à ce qui est une conviction partagée par la plupart des philosophes antiques, que la « vie heureuse » est impossible si elle n'est pas conforme au Bien moral.*

Or c'est la conclusion vers laquelle tendent les cinq disputationes de Tusculum. Brutus, dans un petit écrit (aujourd'hui perdu), intitulé De uirtute – c'est-à-dire, « sur l'excellence humaine » – dédié à Cicéron lui-même avait soutenu cette thèse que la « vertu » (c'est-à-dire la vie conforme au Bien) suffit à réaliser le Bonheur. La « vertu » est alors la valeur suprême. Tout ce qui peut nous être cher, les biens matériels, les honneurs, la gloire, la santé, la vie même ne sont qu'avantages accessoires. Seule importe la « vertu ».

Reste à savoir ce qu'il faut entendre par ce mot. En latin, l'étymologie suggère qu'il s'agit de ce qui caractérise le uir, le « mâle », par opposition à la femme, c'est-à-dire la résistance à la douleur, la force, physique et morale, et aussi le courage dans le combat, à l'armée ou dans la vie civile, et c'est bien là le sens donné le plus souvent au mot uirtus. Mais, peu à peu, ce terme servit à désigner toutes les autres qualités dont notre âme est capable. Cicéron le notera, dans la deuxième disputatio, lorsqu'il écrira :

« D'ailleurs prends bien garde que, même si toutes les attitudes de l'âme orientées vers le Bien sont appelées " vertus ", ce mot n'est pas propre à toutes, mais qu'elles ont reçu le nom de celle d'entre elles qui, à elle seule, surpassait les autres » (par. 43).

16

Il y a donc, pour un Romain, un lien étroit, indissoluble, entre le mot de uirtus *et la notion de courage. Ce qui implique comme conséquence que toute « vertu », toute aspiration de l'âme vers le Bien, suppose une dynamique, un effort de la volonté. Peu à peu le mot de* uirtus *en vint à désigner toutes les qualités, les propriétés d'un être, quel qu'il soit, qui le distinguent et définissent son action : ainsi la « vertu » d'une plante, ou d'un cheval, mais aussi ce qui, chez un orateur, par exemple, brille d'un éclat particulier et, pour cette raison, est efficace, attire l'admiration et l'adhésion des auditeurs. Cette histoire du mot* uirtus *montre qu'il se prêtait à traduire le terme grec d'*ἀρετή, *qui avait connu une évolution parallèle, depuis l'*Iliade, *où il servait à qualifier le courage, l'agilité, etc., d'un combattant, jusqu'au vocabulaire des philosophes qui, après Platon, l'utilisaient pour désigner une attitude que prend l'âme, dans chaque cas, pour réaliser le Bien.*

Mais ne sommes-nous pas en présence d'un cercle vicieux ? Ne convient-il pas de définir ce Bien, qui est l'objet de la « vertu » ? Or c'est précisément le dessein de la réflexion sur la mort contenue dans la première conférence de Tusculum. Le choix de ce sujet n'est pas quelconque. Ce qui est dit ici de la mort prépare la conclusion de l'ensemble.

Partant de la notion de mal, Cicéron ne la définit pas formellement. Il considère que c'est là une expérience familière à chaque être humain. De même Socrate, dans les dialogues platoniciens, s'appuie sur l'opinion spontanée de son interlocuteur.

17

Ce point acquis, Cicéron va montrer que la mort ne possède aucun des caractères du mal. Elle n'est pas un mal. Ce qui entraîne une conclusion inattendue, mais parfaitement logique, que le mal n'est pas ce qu'on pense, que l'opinion commune emploie ce mot à tort et à travers. C'est commencer à définir le mal que de constater que la notion n'est aucunement ce que l'on entend par là. De la notion de mal il faudra exclure celle de la mort. Cette constatation va permettre au raisonnement de progresser. La seconde conférence aura pour objet de montrer que l'idée du mal est plus large que la notion de douleur, qu'il existe, de l'aveu général, un mal pire que celle-ci, le « mal » qui déshonore, le mal moral.

A partir de ce moment, la cause est gagnée et il sera facile de monter, de degré en degré, jusqu'à la conclusion finale, qui montre l'identité de la « vertu » et du Bien, celui-ci n'étant que l'exercice des qualités propres à l'âme humaine, c'est-à-dire la réalisation en acte de notre nature.

Pour exclure la notion de la mort de celle de mal, Cicéron va recourir à toute une série d'arguments, les uns négatifs (lorsqu'il s'agit de réfuter des opinions soutenues avant lui sur la nature de l'âme), les autres positifs. Ces arguments sont ordonnés selon un plan double, conforme à la méthode des académiciens « probabilistes ». Ou bien la mort est une illusion, ou bien elle est une réalité. Dans le premier cas, l'âme est immortelle et la mort n'est pas un mal. Dans le second, si l'âme meurt, elle est, du même coup, à l'abri de tous les maux. Dans l'une et l'autre hypothèses, la fin de la vie ne saurait être considérée comme un mal.

Mais cette conclusion, qui laisse à l'auditeur le choix entre les deux possibilités, n'est assurément pas celle de Cicéron lui-même. Nous avons dit que, pendant cette même période de sa vie, il avait montré sa foi dans la survie de l'âme, le caractère divin de celle-ci, et il est facile d'entendre, dans cette première Tusculane, les échos de cette conviction. Le ton n'est pas le même lorsqu'il expose les raisons que l'on a de penser que l'âme est immortelle et lorsqu'il énumère celles que l'on peut avoir de considérer comme un bien la fin en nous de toute vie. Cicéron se fie plus aux évidences de sa sensibilité qu'aux démonstrations de la raison. Il éprouve, en lui-même, la présence du divin dans le monde. Comme Platon, il est persuadé que les poètes sont mus par un « enthousiasme » que les dieux leur envoient. Il a, aussi, l'expérience directe de la force qui emplit l'orateur dont l'éloquence verse à flots « les mots sonores et les pensées fécondes » (par. 64). Il sait qu'en de tels moments l'esprit est possédé par une puissance, une contrainte qui le dépasse (maior uis). Cicéron philosophe n'est pas seulement, ni surtout, le disciple studieux des philosophes grecs dont il reproduirait docilement les opinions, pour les comparer, parfois les réfuter. Il n'est pas un simple témoin de la philosophie des autres, il est aussi un penseur qui éprouve, en lui-même, ce grand miracle, la présence dans notre corps d'un principe capable d'animer la matière.

Il est donc vain de séparer, en lui, l'auteur de traités philosophiques et l'orateur. C'est parce qu'il est orateur qu'il s'intéresse à la philosophie, parce que, toute sa vie, il a travaillé à ce que ses discours fussent aussi clairs pour la raison, aussi émouvants pour la sensibilité, qu'il pouvait le faire, qu'il éprouve le besoin de transmettre à ses contemporains et à ses successeurs la somme de ces expériences, grâce auxquelles les leçons qu'il avait reçues des philosophes qui furent ses maîtres ont été vivifiées, traduites en actes et rendues capables d'ouvrir de nouvelles voies à la vie de la cité.

Nous ne douterons pas que Brutus lui-même ait prié Cicéron de reprendre des études philosophiques, abandonnées par l'homme d'État depuis bien des années. Nous ne douterons pas non plus que Cicéron n'ait jamais renoncé vraiment à les poursuivre. Il cède, pour cette raison, d'autant plus volontiers à la demande de cet homme jeune, dans lequel il se retrouve lui-même et qu'il considère comme un fils spirituel, d'autant plus volontiers que son propre fils, Marcus, qui avait vingt ans de moins que Brutus, ne se trouvait pas encore, en 46, en âge de prendre vraiment part à la vie politique et, peut-être, montrait peu de dispositions à tenir le rôle que son père aurait voulu lui voir jouer. Cicéron lui dédiera le traité des Devoirs (le De officiis), qui est une première initiation à une philosophie de l'action mais ne contient pas les richesses que l'on découvre dans les Tusculanes. Peut-être était-il naturel aussi que le père livrât moins librement le fond de son âme à un fils. Cette pudeur, il ne l'éprouvait pas envers Brutus.

Peut-être s'étonnera-t-on de lire, au début de ces premières Tusculanes, un éloge de l'esprit romain, comparé à l'esprit

20

grec, jugé moins favorablement. Les idées reçues de notre temps tendent à voir dans de tels propos l'expression d'une vanité ridicule, et l'on répète que l'esprit romain n'a jamais possédé la finesse de l'esprit grec, que ses créations n'ont jamais été aussi sublimes et que, dans le domaine de la culture, Rome doit tout à la Grèce. Mais que dit Cicéron, dans ce qui sert de préface à ce premier livre ? Il constate que l'organisation politique et militaire de Rome, les lois, le droit qu'elle s'est donnés, ont conduit la cité à une réussite objective sans aucune mesure commune avec ce qui s'est passé dans le monde grec. Reprenant, d'autre part, des analyses faites autrefois par Polybe, un Grec qui avait eu une double expérience, celle des cités de la Ligue achéenne, et celle de Rome, il constate que le caractère romain présente des qualités morales de sérieux, de loyauté, d'honnêteté, etc., qui expliquent en grande partie cette réussite. Les Grecs ont brillé dans les lettres et les arts, cela est vrai. Il est naturel qu'ils aient excellé dans des activités aux-quelles ils se livraient avec passion.

Mais, continue Cicéron, les Romains ont poussé l'art de l'éloquence plus loin que les Grecs. Aussi leur langue est-elle devenue plus riche, plus souple, plus harmonieuse. Ils se sont donné un instrument de pensée permettant, à qui saura en user, de doter Rome d'ouvrages philosophiques qui ne le céde-ront en rien à ceux de Platon et d'Aristote. Mais ce que sou-haite Cicéron, ce n'est pas la gloire de rivaliser avec ces grands maîtres, c'est de faire en sorte que les notions découvertes par eux, les méthodes qui ont été les leurs trouvent à Rome une

21

*terre féconde. Pour cela, il faut que l'expression latine soit élo-
quente, qu'elle persuade, car seule la langue maternelle peut
avoir une réelle efficacité sur les âmes.*

*Telle est la tentative que représentent les entretiens de Tus-
culum, dans lesquels il faut voir une œuvre tournée vers un
avenir dont Cicéron refuse de désespérer. Il sait que les « vertus » de Rome, dans le passé, ont eu pour résultat d'ouvrir à
ses écrivains, à ses orateurs, à ses poètes, un immense public
qui recevra d'elle les éléments d'une vie spirituelle et morale
que l'hellénisme ne saurait diffuser aussi largement sur un
aussi vaste domaine. Nous ne pensons pas que cette ambition
de Cicéron, tandis qu'il écrivait ces pages, ait été démesurée et
encore moins qu'elle ait abouti à un échec.*

Pierre GRIMAL

Me voici enfin, cher Brutus, dégagé — pas encore tout à fait mais sensiblement, tout de même — de ma charge d'avocat ainsi que de mes fonctions sénatoriales, et revenu, comme tu le souhaitais tant, à ces études chères à mon cœur que les circonstances m'avaient fait abandonner. Je les retrouve donc après une longue interruption et, comme tout enseignement théorique et pratique des règles de la vie morale est étroitement lié à la quête de la sagesse, à savoir la philosophie, j'ai estimé qu'il fallait en faire l'illustration en latin, non qu'il soit impossible d'appréhender la philosophie à travers les maîtres grecs et dans les textes originaux, mais parce que je suis persuadé depuis toujours que, d'une part, nous, Romains, avons fait preuve, dans tout ce que nous avons découvert par nous-mêmes, de plus de sagesse que les Grecs, et que, d'autre part, nous avons amélioré leur héritage lorsque nous le jugions digne de nous y investir. Nous sommes, sans doute aucun, beaucoup plus attentifs qu'eux aux traditions, aux modes de vie, à tout ce qui touche à la maison et à la famille, voire à l'État que nos pères ont doté d'institutions et de lois supérieures à celles des Grecs. Que dire de l'art de la guerre où les nôtres excellent par leur bravoure et, plus encore, par leur sens de la discipline ? Quant à ce que nos dons naturels, et non l'étude, nous ont permis d'acquérir, on n'en trouve d'équivalent ni chez les Grecs ni chez aucun autre peuple.

Trouve-t-on ailleurs un tel exemple de dignité, de fermeté, de grandeur d'âme, de probité, de loyauté, de qualités éminentes en tous domaines qui puissent se comparer à celles de nos pères ? Les Grecs nous étaient supérieurs sur le plan culturel et dans tous les genres littéraires : victoire aisée que personne ne songe à leur disputer. Si le plus ancien de tous les arts, chez eux, était la poésie (en admettant qu'Homère et Hésiode * aient réellement vécu avant la fondation de Rome, Archiloque sous le règne de Romulus), reconnaissons que nous l'avons apprise, quant à nous, plus tardivement. C'est en effet aux environs de 510 de notre ère que Livius a présenté pour la première fois au public une pièce de théâtre – sous le consulat de Marcus Tuditanus et du fils de Caecus, Caius Claudius –, soit un an avant la naissance d'Ennius, lui-même plus âgé que Plaute et

Naevius. Nous avons donc effectivement découvert ou, disons, accueilli les poètes assez tard. Si, d'après *Les Origines*[1], les convives, au cours des banquets, chantaient fréquemment, accompagnés par un flûtiste, les vertus d'hommes illustres, on ne tenait guère la poésie en estime, à en croire les reproches violents de Caton à l'adresse de Marcus Nobilior, à propos des poètes qu'il avait emmenés dans sa province ; ce consul, on le sait, avait invité Ennius en Étolie. On s'est donc d'autant moins adonné à ce genre qu'on l'honorait peu ; ceux, toutefois, qui y montrèrent un vrai talent y acquirent la même réputation que les Grecs.

Peut-on réellement penser que si l'on avait rendu hommage, en son temps, au talent de l'un de nos plus célèbres peintres, Fabius, il n'y aurait pas eu chez nous une foule de Polyclète et de Parrhasius[2] ?

Les arts ont besoin de témoignages de considération ; la soif de reconnaissance donne à tous de l'ardeur au travail alors qu'on abandonne vite une activité qui ne rencontre pas l'adhésion. Pour les Grecs, savoir chanter et jouer des instruments à cordes était la marque de la culture la plus raffinée : c'est ainsi qu'Épaminondas, le plus grand homme de la Grèce à mon avis, jouait à merveille, dit-on, de la lyre, alors que Thémistocle, quelques années auparavant, avait été jugé ignare, au cours d'un repas, parce qu'il avait décliné une invitation à jouer. C'est pour cette raison que tant de musiciens ont fleuri en Grèce, que tous les Grecs apprenaient la musique et que ceux qui en étaient incapables étaient considérés comme incultes. Ils avaient aussi le plus grand respect pour la géométrie et se sont brillamment illustrés en mathématiques, tandis que nous avons limité l'étude de cette science à ses aspects utilitaires : l'arpentage et le calcul. En revanche, nous avons très vite apprécié les orateurs qui, au début, n'étaient pas de grands savants (bien qu'ils fussent habiles dans le maniement du langage), mais le sont peu à peu devenus. Galba, l'Africain, Lélius avaient de l'instruction, tout le monde le sait ; et, avant eux, Caton avait le goût de l'étude, comme par la suite Lépide, Carbon, les Gracques, et d'autres si grands que, jusqu'à notre époque, nous n'avons pour ainsi dire jamais cédé le pas aux Grecs.

La philosophie, en revanche, a végété jusqu'à nos jours et n'a pas trouvé d'écrivain capable de la mettre en lumière ; c'est donc à moi de lui donner l'éclat et le ressort qui lui manquent ; j'espère, si j'ai été quelque peu utile à mes concitoyens durant mon activité, continuer à l'être, si possible, dans ma retraite. Cette tâche va me demander d'autant plus d'efforts qu'il existe déjà, en latin, de nombreux ouvrages d'auteurs certes infiniment respectables mais qui, faute d'une érudition suffisante, ont travaillé un peu légèrement. On peut sans doute admettre que quelqu'un pense juste et soit incapable de s'exprimer avec élégance ; mais mettre par écrit ses réflexions sans pouvoir les ordonner, les clarifier, leur donner l'agrément qui attire le lecteur, c'est gaspiller son temps et discréditer l'écriture. Les gens qui sont dans ce cas n'ont d'autres lecteurs qu'eux-mêmes et leurs amis, et personne ne s'intéresse à eux sinon ceux qui se permettent d'écrire de façon tout aussi relâchée.

Si, donc, j'ai contribué tant soit peu, de par ma profession, à la gloire de l'éloquence, je mettrai encore plus de zèle à puiser aux sources de la philosophie qui lui a donné naissance. De même qu'Aristote* – dont l'intelligence, la science, la richesse de style étaient exceptionnelles –, impressionné par la réputation d'orateur d'Isocrate, commença d'apprendre aux jeunes gens l'art de la parole et les rapports qu'entretiennent sagesse et éloquence, j'ai envie, sans abandonner ma vieille passion pour cet art, de me consacrer à l'art supérieur et plus fécond qu'est la philosophie, l'idéal, pour moi, étant de pouvoir traiter des problèmes essentiels avec toutes les ressources d'un style élégant ; je m'y suis adonné avec tant d'enthousiasme que j'ai même eu l'audace d'organiser des leçons à la façon des Grecs.

Aussi ai-je, juste après ton départ, en compagnie de plusieurs amis venus à Tusculum, essayé de voir ce que cela pouvait donner. J'ai, par le passé, traité de plus de sujets que quiconque ; voici maintenant les exercices oratoires de ma vieillesse : j'ai demandé que l'on propose un thème sur lequel on souhaitait m'entendre et j'en ai débattu, tantôt assis, tantôt en marchant. Ces conférences, comme disent les Grecs, ont duré cinq jours ; je les ai rédigées en cinq livres. Cela s'est passé ainsi : lorsque la personne qui voulait m'entendre avait exprimé son opinion, je prenais le parti contraire. C'est, tu le sais, une vieille méthode socratique qui consiste à combattre la thèse d'autrui — le meilleur moyen, d'après le maître, de parvenir à ce qui est le plus proche de la vérité. Mais pour reproduire nos discussions du mieux possible, je les retranscris telles quelles, et non sous forme de récit.

Commençons donc par le commencement :

Les morts souffrent-ils de leur état ?

— Je pense que la mort est un mal.
— Pour ceux qui sont morts ou pour ceux qui doivent mourir ?

— Pour tous.

— C'est donc un malheur, puisque c'est un mal.

— Sans doute.

— Et c'est un malheur qui frappe à la fois ceux à qui c'est arrivé et ceux à qui cela doit arriver.

— En effet.

— Personne n'y échappe donc.

— Absolument personne.

— En outre, si tu es logique avec toi-même, tous les hommes nés ou à naître, quels qu'ils soient, sont malheureux et le sont dans l'éternité. Car si tu disais que seuls sont malheureux ceux qui vont mourir, tu n'en excepterais personne (puisque nous devons tous mourir) mais du moins y aurait-il dans la mort une fin au malheur. Or, si les morts eux-mêmes sont malheureux, nous naissons tous pour un malheur éternel. Car ceux qui sont morts il y a cent mille ans ou, mieux encore, tous ceux qui sont nés, sont forcément malheureux.

— C'est exactement mon avis.

— Dis-moi donc, s'il te plaît, as-tu peur de Cerbère aux trois têtes, dans les Enfers, des grondements du Cocyte, de la traversée de l'Achéron, de Tantale « *au menton effleurant la surface de l'eau, dévoré par la soif* » ou encore de « *Sisyphe en sueur roulant de toutes ses forces un rocher sans avancer d'un pouce* [3] » ? Et les juges inexorables, Minos et Rhadamante, devant qui ni

Crassus ni Antoine ne pourront te défendre, peut-être te font-ils peur aussi car, bien sûr, il est exclu — puisque c'est devant des juges grecs que tu vas comparaître — que tu fasses appel à Démosthène : tu devras plaider ta cause seul, devant une immense assistance. Peut-être est-ce là ce que tu redoutes et ce pourquoi tu considères la mort comme un mal éternel.

— Penses-tu que je délire au point de croire à ces fadaises ?

— Tu n'y crois vraiment pas ?

— Mais pas du tout !

— Ma foi, tu me déçois.

— Et pourquoi, s'il te plaît ?

— Parce que j'aurais pu briller si j'avais eu à te contredire sur ce point.

— Qui ne brillerait sur un sujet pareil ? Quel intérêt y a-t-il à s'attaquer aux vues de l'esprit des poètes et des peintres ?

— Mais les livres abondent, où les philosophes s'attaquent à ce que tu nommes ainsi.

— C'est complètement stupide. Qui est assez bête pour se laisser impressionner par ces histoires ?

— Bref, s'il n'y a pas de malheureux aux Enfers, c'est qu'il ne s'y trouve personne.

— Parfaitement.

— Où sont donc ceux que tu appelles malheureux,

où séjournent-ils ? Car, s'ils existent, ils ne peuvent être nulle part.

— Je pense qu'effectivement ils ne sont nulle part.

— Donc, ils n'existent pas ?

— C'est cela, et pourtant ils sont malheureux, pour la raison précise qu'ils n'ont plus d'existence.

— J'aurais préféré que tu aies peur de Cerbère plutôt que de t'entendre parler si inconsidérément.

— Comment donc ?

— Tu dis du même homme qu'il existe et qu'il n'existe pas. Est-ce là ta finesse d'esprit ? En affirmant qu'il est malheureux, tu fais exister celui qui n'existe pas.

— Je ne suis pas idiot, pour dire des choses pareilles.

— Alors que dis-tu ?

— Que Crassus, par exemple, est malheureux d'avoir laissé, en mourant, une immense fortune, que Pompée est malheureux d'avoir été privé de tant de gloire, et que tous ceux qui ne voient plus la lumière du jour sont malheureux.

— Tu en reviens à la même contradiction. Il faut exister pour être malheureux ; or, tu viens de dire que ceux qui sont morts n'existent plus ; s'ils n'existent pas, ils ne peuvent rien être, pas plus malheureux qu'autre chose.

— Je m'exprime peut-être mal : ce que je veux

dire, c'est que le comble du malheur, c'est de ne plus être lorsque l'on a été.

— Ah bon ! Pire que de n'avoir pas existé du tout ? C'est dire que ceux qui ne sont pas encore nés sont d'ores et déjà malheureux — parce qu'ils n'existent pas — et que nous, puisque nous serons malheureux après notre mort, l'étions déjà avant de naître. Pour ma part, je ne me souviens nullement d'avoir été malheureux avant ma naissance ; si tu as meilleure mémoire, j'aimerais bien savoir ce que tu te rappelles de cette époque.

— Tu te moques de moi en me faisant dire qu'on est malheureux de n'être pas né, alors que je dis qu'on est malheureux lorsque l'on est mort.

— Dans ce cas, on existe ?

— Pas du tout : on est malheureux de ne plus être après avoir été.

— Mais tu ne vois pas que tu te contredis ? Peut-on se contredire davantage qu'en disant de qui n'existe pas qu'il est malheureux ou n'importe quoi d'autre ? Lorsque tu sors par la porte Capène et que tu vois les tombeaux des Calatinus, des Scipions, des Servilius, des Metellus, tu as l'impression que ces grands hommes sont malheureux ?

— Puisque tu me chicanes sur un mot, je ne dirai plus qu'ils *sont* malheureux (pour la simple raison qu'ils ne *sont* plus) ; je dirai simplement : les malheureux.

— Donc, tu ne dis pas : « Marcus Crassus est malheureux », mais seulement : « Malheureux Marcus Crassus. »

— Parfaitement.

— En parlant ainsi, tu fais l'économie de la notion d'existence et de non existence ! Tu n'as donc même pas les premiers éléments d'une formation dialectique ! Écoute bien : toute proposition énonciative (c'est le terme qui me vient à l'esprit pour désigner ἀξίωμα ; je verrai par la suite si j'en trouve un meilleur) — toute proposition énonciative, dis-je, peut être vraie ou fausse. Donc, lorsque tu dis : « Malheureux M. Crassus », soit tu affirmes que Crassus est malheureux, et l'on peut être ou non d'accord avec toi, soit tu parles pour ne rien dire.

Les vivants doivent-ils redouter la mort ?

— C'est bon, tu m'as forcé à reconnaître que ceux qui n'avaient aucune existence ne pouvaient non plus être malheureux. Admettons que les morts ne soient pas malheureux ; mais nous, qui sommes vivants et qui devons mourir, ne crois-tu pas que nous le sommes ? Quel plaisir peut-on prendre à la vie quand on pense jour et nuit que la mort peut surgir à tout instant ?

— Est-ce que tu saisis, là, à quel point tu réduis le malheur attaché à la condition humaine ?

— Comment donc ?

— Parce que si le malheur, c'était la mort, nous serions pour jamais dans l'infini du malheur ; je considère plutôt qu'elle met à la vie un terme au-delà duquel nous n'aurons plus rien à redouter. Toi, en revanche, tu m'as l'air de faire tienne la maxime d'Épicharme, cet homme d'esprit qui, en bon Sicilien, avait oublié d'être sot.

— Laquelle ? Je ne vois pas...

— Je vais te la citer en latin, si possible. Tu sais que je n'aime pas plus mêler du grec à mon latin que du latin à mon grec.

— Tu as bien raison. Quelle est donc cette maxime d'Épicharme ?

— « Je ne tiens pas à mourir mais je me moque d'être mort. »

— Mais bien sûr, j'en connais le texte grec ! Bon, maintenant que tu m'as convaincu du fait que les morts n'étaient pas malheureux, va jusqu'au bout, si tu le peux, et prouve-moi que la nécessité de mourir n'est pas non plus un malheur.

— Aucun problème ! Et je crois pouvoir faire mieux.

— Comment ça, aucun problème ? Comment comptes-tu faire mieux ?

— Voici : puisqu'on ne peut parler de mal après la mort, le moment qui précède cet état (où, tu me l'accordes, tout mal a disparu), je veux dire celui du mourir même, ne peut non plus être un mal ; la fatalité de la mort cesse alors d'être un mal pour nous puisque, par là, nous parvenons à un état qui, de notre propre aveu, n'est pas un mal.

— Développe, s'il te plaît ; ces subtilités ne me convainquent qu'à moitié. Qu'entends-tu par pouvoir faire mieux ?

— Démontrer, si je le puis, que non seulement la mort n'est pas un mal, mais qu'elle est même un bien.

— Je n'en demande pas tant, mais je suis très curieux de t'entendre. Je sais fort bien que, même si tu n'arrives pas au bout de ton raisonnement, tu en concluras de toute façon que la mort n'est pas un mal. Mais je ne veux nullement t'interrompre ; je préfère écouter ton exposé d'une seule traite.

— Et si je te pose une question, tu ne me répondras pas ?

— Je n'aurais pas cette insolence ! Mais je préfère que tu ne le fasses pas, sauf s'il le faut vraiment.

— Eh bien, soit : je vais m'efforcer de développer le sujet qui t'intéresse, non, du reste, à la manière d'un Apollon Pythien, par des affirmations catégoriques et irréfutables, mais comme un simple mortel qui utilise le raisonnement conjectural pour parvenir à des solutions probables. Je n'ai pas les moyens de dépasser le vraisemblable ; les certitudes, tu les recevras des gens qui se flattent de pouvoir les acquérir et se targuent d'être philosophes.

— Comme tu voudras ; je t'écoute.

Réponses des philosophes à la question de la nature de l'âme

— Ce qu'il faut examiner en premier lieu, c'est ce qu'est en soi la mort, ce phénomène que nous croyons si bien connaître : pour certains, c'est la séparation de l'âme et du corps ; pour d'autres, il ne s'agit nullement de séparation, mais de l'anéantissement des deux ensemble, l'âme s'éteignant avec le corps. Parmi les partisans de la séparation, les uns croient que l'âme se dissipe immédiatement, les autres qu'elle survit longtemps, d'autres encore éternellement. En outre, les opinions sur la nature exacte de l'âme, son siège, son origine, divergent beaucoup : ici, l'âme se confond avec le cœur, d'où les termes de *excors* (dénué de raison), *vecors* (extravagant), *concors* (qui est d'accord) et le surnom de Corculum [4] donné à l'illustre et sagace Nasica, deux fois consul ; d'où encore ce vers du poète Ennius :

Egregie cordatus homo, catus Aelius Sextus
Cet homme d'une immense sagesse, le subtil Aelius Sextus.

Empédocle*, quant à lui, situe l'âme dans la circulation du sang autour du cœur. Ailleurs, son principe directeur se trouve dans une partie déterminée du cerveau ; là enfin, si on ne l'assimile pas à proprement parler à ces organes, on pense que c'est en eux qu'elle réside. Or, tantôt l'âme (*animus*) est le souffle vital (*anima*) – c'est ce que l'on pense généralement chez nous –, comme le traduit si bien la terminologie : nous disons en effet *agere animam*, *efflare animam* (rendre le dernier soupir, rendre l'âme), ainsi que *animosos*, *bene animatos*, (pour désigner les êtres animés de sentiments nobles, de bonnes intentions) ou encore *ex animi sententia* (en mon âme et conscience), *animus* dérivant précisément de *anima* ; tantôt, comme pour le stoïcien Zénon*, l'âme est du feu. Toutes ces hypothèses : cœur, cerveau, souffle, feu, sont communes à bien des gens ; il en est d'autres qui sont le fait d'individus plus isolés, telle celle-ci, fort ancienne, dont le dernier représentant est le musicien et philosophe Aristoxène* : l'âme serait une tension du corps comparable à ce que l'on appelle, dans le chant ou la lyre, ἁρμονία (harmonie), c'est-à-dire que le corps tout entier, de par sa nature et sa structure, produirait une gamme de mouvements analogues aux différents tons en musique. Aristoxène* est resté

37

un peu prisonnier de l'art qu'il pratiquait pour formuler une conception dont on sait que Platon*, bien avant lui, l'avait déjà exposée et critiquée très clairement.

Xénocrate* rejette toute idée de forme pour définir l'âme : elle est incorporelle, puisqu'il s'agit d'un nombre ; on sait l'importance extrême que revêtent, pour lui comme déjà auparavant pour Pythagore*, les nombres dans la nature. Son maître, Platon, imagine une âme triple dont le principe directeur, la raison, se situe dans la tête, véritable citadelle, alors que les deux éléments qui lui sont subordonnés, l'agressivité et le désir, sont logés à part : le premier dans la poitrine, le second sous le diaphragme. Quant à Dicéarque*, il relate en trois livres un colloque qui s'est déroulé à Corinthe, laissant parler dans le premier tome un grand nombre d'intervenants éminents avant d'introduire, dans les deux autres, un vieillard de Phthie du nom de Phérécrate, soi-disant descendant de Deucalion [5], qui développe la thèse suivante : l'âme n'existe pas, ce n'est qu'un mot vide de sens et les termes dérivés d'*animus* ou *anima* (comme *animalia* ou *animantes*) ne renvoient à rien de tangible car il n'y a pas plus d'âme dans l'homme que dans la bête ; l'énergie qui nous fait agir et sentir parcourt de manière égale tous les corps vivants et, par ailleurs, elle est inséparable du corps dans la mesure où elle n'a pas d'existence autonome : rien n'existe que le corps dans son unité et sa simplicité, et sa structure est telle qu'il reçoit vitalité et sensibilité de l'équilibre entre les éléments qui le composent.

Aristote qui, en perspicacité et précision, dépasse de loin tous les philosophes (exception faite, toujours, de Platon*), pense, après avoir examiné les quatre éléments – tu les connais – censés engendrer tous les êtres, qu'il existe une cinquième essence, constitutive de la pensée. En effet, la faculté de réfléchir, prévoir, apprendre, enseigner, créer et mémoriser, l'amour et la haine, le désir et la crainte, l'inquiétude et le bien-être, etc., ne relèvent en aucun cas de l'un de ces quatre éléments ; le cinquième, auquel Aristote a donc fait appel, n'ayant pas de nom, il invente le terme d'entéléchie (ἐνδελέχεια), qui désigne la permanence du mouvement et, de fait, la substance même de l'âme.

Voilà donc les différentes conceptions de l'âme, à moins que certaines ne m'aient échappé. Laissons de côté Démocrite*, non que je mette en doute son importance, mais parce qu'il fait de l'âme un agrégat accidentel de corpuscules lisses et sphériques ; chez les philosophes de cette école, on explique tout par le tourbillon des atomes.

Comment lier la question de l'âme à celle de la mort ?

De ces diverses conceptions, quelle est la vraie ?
Dieu seul le sait. La plus vraisemblable ? La question est de taille. Préfères-tu que nous en discutions ou que nous revenions à notre sujet ?

— J'aimerais faire les deux, s'il se peut, mais il est difficile de tout mener de front. Par conséquent, s'il est possible de se délivrer de la peur de la mort sans avoir auparavant élucidé cette question de l'âme, allons-y ; sinon, réglons-la, s'il te plaît, et enchaînons avec l'autre.

— La méthode qui semble avoir ta préférence est, je crois, la plus pertinente : des opinions que j'ai exposées, peu importe celle qui est vraie, puisque nous en viendrons logiquement à la conclusion que la mort n'est pas un mal ou, mieux, qu'elle est un bien. Car si l'âme est cœur, sang ou cerveau, elle périra évidemment avec le reste du corps, puisqu'elle est matière ; si elle est souffle, elle se dissipera probablement ; si elle est feu, elle s'éteindra ; si elle est harmonie, comme pour Aristoxène*, elle se déstructurera. Et que dire de Dicéarque* pour qui l'âme n'existe absolument pas ? Dans chacune de ces options, personne ne peut se sentir concerné par ce qu'il y a après la mort puisque, dans ce cas, nous perdons la faculté de sentir en même temps que la vie ; or, si nous ne sentons rien, plus rien ne nous importe en quelque domaine que ce soit. Quant aux autres conceptions, elles laissent espérer, ce qui va sans doute te ravir, la possibilité pour les âmes de gagner, ayant quitté les corps, leur véritable séjour, c'est-à-dire le ciel.

— Cela me ravit, en effet : c'est ce que j'aimerais par-dessus tout, quitte à ce que ce ne soit pas vrai et à y croire tout de même.

— Et as-tu besoin de moi pour cela ? Crois-tu que je puisse faire mieux que Platon en éloquence ? Tu devrais lire attentivement l'ouvrage qu'il a consacré à l'âme : tu serais comblé.

— Mais je l'ai fait, parbleu, et plus souvent qu'à mon tour ! Seulement, je ne sais pas ce qui se passe : tant que je lis, j'adhère à ce qui est écrit mais, sitôt le livre posé, si je commence à réfléchir par moi-même à l'immortalité de l'âme, adieu ma belle adhésion !

— Vraiment ? Voyons, m'accordes-tu cette alternative : soit l'âme survit à la mort, soit elle disparaît au moment où l'on meurt ?

— Je te l'accorde.

— Donc, si elle survit...

— Elle est heureuse, j'en conviens.

— Et si elle disparaît...

— Elle n'est pas malheureuse, puisqu'elle n'existe plus ; j'ai déjà été, tout à l'heure, forcé d'en convenir.

— Comment peux-tu donc penser, et dire, que la mort est un mal puisqu'en fin de compte nous serons heureux si notre âme survit mais ne pourrons être malheureux si nous ne sentons plus rien ?

— Démontre-moi donc tout d'abord, si cela t'est possible et ne t'ennuie pas, que l'âme survit à la mort et, si tu n'y parviens pas — car c'est difficile —, explique-moi en quoi la mort est exempte de tout mal. Car j'ai bien peur que le mal se trouve non pas, comment dirai-je, dans le fait de ne rien sentir, mais dans la perspective de ne plus rien sentir.

— Pour soutenir la thèse qui t'intéresse, nous pouvons faire appel aux autorités les plus sûres (la meilleure des garanties virtuelles et effectives, en tous domaines) et, au premier chef, à l'Antiquité tout entière qui, dans la mesure où elle était moins éloignée que nous de nos origines et de notre ascendance divine, a sans doute mieux discerné la vérité.

Ainsi, nos pères, qu'Ennius appelle *casci*, étaient absolument persuadés que, dans la mort, le sentiment demeure et qu'en quittant la vie, l'homme n'est pas anéanti au point de disparaître radicalement ; de nombreux exemples en font foi ainsi que le droit pontifical et le culte funéraire, que des esprits si éminents n'auraient pas observé avec tant de scrupule, faisant peser sur ses profanateurs la menace d'anathèmes impitoyables, s'ils n'avaient pas été attachés à l'idée que la mort, loin d'être un anéantissement total et absolu, était un passage, une mutation de la vie, un moyen d'accéder au ciel pour les hommes et femmes illustres, tandis que pour tous les autres, l'âme ne pouvait quitter la terre où elle survivait néanmoins. D'où la formule d'Ennius : *Romulus, dans le ciel, passe sa vie avec les dieux,* qui reflète bien la tradition populaire, tout comme le culte, parvenu jusqu'à nous et même jusqu'à l'Océan, que les Grecs vouaient à Hercule, dieu tout-puissant et très bienveillant ; d'où celui de Liber, fils de Sémélé, et des frères Tyndarides tout aussi renommés, qui non seulement, nous dit-on, favorisèrent les victoires du peuple romain mais en furent également les annonciateurs. Et puis Ino, la fille de Cadmus que les Grecs appellent Λευκοθέα (la déesse blanche), n'est-elle pas pour nous *Matuta* (l'Aurore) ? Enfin, sans aller plus loin, n'est-ce pas le genre humain qui peuple la quasi-totalité de l'espace céleste ? Et, de fait, si j'entreprenais de fouiller le passé afin de mettre au jour tout ce que les historiens de la Grèce nous ont transmis, on s'apercevrait que ces dieux révérés qui nous apparaissent comme une race supérieure sont partis d'ici-bas pour aller au ciel. Cherche bien : de qui sont les tombeaux que l'on peut voir en Grèce ? Rappelle-toi, puisque tu as été initié aux mystères : que nous apprennent-ils ? Tu verras que cela va très loin. Il est vrai que les anciens, qui n'avaient pas encore étudié la physique — sa naissance fut bien ultérieure —, n'avaient acquis de convictions qu'à partir des données de la nature et que, ne saisissant ni les causes des phénomènes ni leur économie, ils se laissaient fréquemment troubler, surtout la nuit, par des apparences leur donnant à penser que les morts continuent à vivre. D'autre part, l'argument le plus sûrement invoqué pour justifier notre croyance dans les dieux est qu'il n'existe aucun peuple, si barbare soit-il, aucun individu, si monstrueux soit-il, qui ne soit foncièrement pénétré du sens du divin ; beaucoup de gens se font des dieux une idée fausse, c'est la rançon de l'ignorance ; tous les hommes croient cependant à l'existence d'une nature et d'une puissance divine sans qu'il y ait eu pour cela concertation ou décision commune, ni qu'un pouvoir quelconque, institutionnel ou législatif, ait fait pression sur eux ; or, en toutes circonstances, un consensus universel doit être interprété comme une loi naturelle.

Ne pleure-t-on pas la mort des siens parce qu'on pense qu'ils sont privés de tout ce que la vie peut

offrir ? Supprime cette idée, le deuil sera plus sup-
portable ; car ce n'est pas sur son propre malheur
que l'on s'apitoie : on en souffre, certes, on a le
cœur serré, mais les plaintes, les gémissements, les
larmes exprimant l'affliction sont dus à la pensée
que l'être aimé ne goûtera plus aux joies de la vie et
en est affecté. Ce que nous ressentons là est d'ordre
purement intuitif, en aucun cas rationnel ni culturel.

L'immortalité de l'âme est inscrite dans le cœur de l'homme

Mais ce qui, dans le secret de notre instinct,
prouve de façon éclatante l'immortalité de l'âme,
c'est que tous les hommes ont en eux l'inquiétude
— et une inquiétude extrême — de ce qu'il y aura
après la mort. *Il plante des arbres au profit de la génération
suivante*, dit un personnage des *Synéphèbes*[6] : quel état
d'esprit cela reflète-t-il sinon le fait d'être préoccupé
par le sort des générations futures ? Ainsi, donc, un
paysan va planter consciencieusement des arbres
dont il ne verra jamais le moindre fruit, et un personnage important n'en ferait pas autant avec des
lois, des institutions, un gouvernement ? Et la pro-
création, la perpétuation du nom, l'adoption, le soin
apporté aux testaments, jusqu'aux épitaphes sur les

pierres tombales, que signifie tout cela, sinon que nous pensons qu'il y a un après ? Voyons, douterais-tu par hasard qu'il soit normal de déterminer un type représentatif d'une espèce d'après ses représentants les plus parfaits ? Et y a-t-il représentants plus parfaits de l'espèce humaine que les êtres qui ont la conviction d'être nés pour être utiles à l'humanité, la défendre, la respecter ? Hercule a rejoint le monde des dieux : cela ne se serait jamais produit si, durant son séjour parmi les hommes, il ne s'y était préparé. Les faits dont je parle sont anciens et universellement marqués d'une consécration religieuse. A quoi croyons-nous que pensaient, dans notre république même, tant de personnages hors du commun en se faisant tuer pour elle ? Au point final par lequel leur nom s'éteindrait en même temps que leur vie ? Mais personne n'accepterait de mourir pour sa patrie sans un puissant espoir d'immortalité !

Thémistocle a pu vivre à l'écart de la politique, Épaminondas également et, sans aller chercher l'Antiquité ou l'étranger, moi-même j'ai pu le faire : nous avons au fond de nous-mêmes, je ne sais comment, une sorte de pressentiment des siècles à venir et c'est chez les êtres doués d'un caractère exceptionnel et les plus nobles de cœur qu'il se manifeste avec le plus de force et se dévoile le plus aisément.

Sans cela, vraiment, qui serait assez fou pour vivre dans des difficultés et des risques constants ? Je veux parler des hommes d'État ; mais les poètes ? Ne veulent-ils pas être célèbres après leur mort ? Que signifie l'épitaphe suivante :

Regardez, citoyens, cette belle image du vieil Ennius.
C'est lui qui a célébré les hauts faits de vos pères.

C'est la gloire qu'Ennius attend, en récompense, de la part de ceux dont les ancêtres ont connu la gloire grâce à lui ; de même :

Ne pleurez pas sur moi...
A quoi bon ? Je suis vivant car je vole de bouche en bouche[7].

Mais pourquoi s'arrêter aux poètes ? Tout créateur veut être célèbre après la mort. Phidias n'a-t-il pas gravé le bouclier de Minerve à sa propre effigie alors qu'il n'avait pas le droit d'y inscrire son nom ? Et nos philosophes, donc ! Ne vont-ils pas jusqu'à signer les ouvrages mêmes qu'ils écrivent sur le mépris de la gloire ?

Par conséquent, si un consensus universel est la voix de la nature et si tous les hommes, où qu'ils soient, sont d'accord sur le fait qu'il existe quelque chose pour ceux qui ont cessé de vivre, nous devons nous aussi l'admettre ; si, en outre, on estime que les êtres intellectuellement et moralement supérieurs ont, en raison de cette supériorité naturelle, un meilleur discernement du sens profond de la nature, il est vraisemblable, puisque ces êtres d'exception se sont mis entièrement au service de la postérité, qu'il existe quelque chose dont ils auront la révélation après leur mort.

La raison doit venir renforcer le sentiment

Mais de même que nous avons le sentiment de l'existence des dieux et que nous prenons rationnellement conscience de ce qu'ils sont, c'est par un consensus universel que nous croyons à l'immortalité de l'âme et par la raison que nous apprendrons ce qu'elle est et où elle demeure. C'est l'ignorance qui a forgé de toutes pièces les Enfers et autres épouvantails que tu paraissais mépriser à juste titre. Comme on enfouissait les cadavres dans le sol et qu'on les recouvrait de terre (d'où le terme : enterrer), on s'imaginait que les âmes des morts passaient le reste de leur existence sous terre ; cette croyance est responsable d'un profond obscurantisme, amplifié par les poètes. Ainsi le public nombreux du théâtre, composé de faibles femmes et de gamins, était-il troublé en entendant ces vers sublimes :

Me voici, arrivant à grand-peine de l'Achéron,
Par une longue route difficile,
A travers des cavernes faites d'âpres rochers inquiétants,
Énormes, séjour de l'épaisse et froide nuit infernale[8].

Et cet obscurantisme, qui me semble avoir disparu aujourd'hui, avait une telle influence que,
même lorsqu'on savait que les corps avaient été
incinérés, on s'imaginait qu'il se passait dans les
Enfers des choses en réalité impossibles et inconcevables en l'absence de corps. Les vivants, qui ne
pouvaient concevoir l'âme à l'état pur, avaient tendance à la matérialiser, d'où la νέκυια (la descente
d'Ulysse aux Enfers) d'Homère, les νεκυομαντεῖα
(les évocations des morts) de mon ami Appius et,
plus près de nous, le lac Averne :

Par où sortent les âmes enveloppées de sombres ténèbres,
Fantômes des morts,
Profondeurs où prend sa source l'Achéron, sang amer[8].

Et ils voulaient que ces fantômes parlent, sans
avoir de langue, ni de palais, ni de gosier, ni de
bronches, ni de poumons, ce qui est impossible.
Incapables en effet de la moindre perception spirituelle, ils ne se fiaient qu'à leurs yeux, tant il est vrai
qu'il faut beaucoup de force de caractère pour détacher son esprit des sens et dégager sa réflexion des
idées reçues. Ainsi, la tradition littéraire fait apparaître que le premier à avoir dit que l'âme humaine

49

était éternelle (même si d'autres, sans aucun doute, l'ont fait en tant de siècles), fut Phérécyde de Syros*, à une époque vraiment ancienne puisqu'il vivait sous le règne de mon aïeul[9]. Son disciple Pythagore* allait tout à fait dans ce sens ; venu en Italie sous le règne de Tarquin le Superbe, il marqua profondément de son influence ce qui était alors la Grande Grèce, par son enseignement philosophique et, plus encore, par son charisme ; bien des siècles après, le terme de pythagoriciens était si respecté qu'on aurait cru qu'ils étaient seuls à détenir le savoir.

Mais revenons aux anciens. Leurs points de vue étaient rarement argumentés, sauf lorsqu'ils effectuaient des démonstrations d'arithmétique et de géométrie. C'est Platon, paraît-il, venu en Italie pour rencontrer les pythagoriciens après avoir étudié à fond leur doctrine, qui, le premier, fit suivre d'une démonstration son adhésion aux théories de Pythagore sur l'éternité de l'âme. Nous la passerons sous silence, si tu le veux bien, et laisserons de côté cette foi absolue en l'immortalité.

— Alors, tu portes mon impatience à son comble, et tu me laisses tomber ? Ma parole ! Je préfère avoir tort avec Platon, dont tu fais grand cas, je le sais, et que j'admire par ta bouche, plutôt qu'avoir raison avec tous les autres !

Examen des différentes doctrines

— Courage ! Moi aussi, bien sûr, j'aimerais mieux avoir tort avec lui ; eh bien, voyons, avons-nous le moindre doute ? (Je sais bien que c'est notre attitude habituelle, quoique ce ne soit pas le cas ici). Les mathématiciens nous affirment que la terre, située au milieu de l'univers, représente, dans l'ensemble du ciel, pour ainsi dire un point, qu'ils appellent κέντρον ; de plus, les quatre éléments fondateurs de toutes choses ont la particularité suivante : comme si une impulsion commune les répartissait selon deux directions opposées, ceux de terre et d'eau sont entraînés verticalement vers la terre et la mer, en fonction des lois de la pesanteur qui les régissent, et les deux autres, l'un de feu, l'autre de souffle, au lieu d'être entraînés, comme les deux premiers, vers le centre de la terre, remontent en droite ligne vers la voûte céleste, soit qu'ils tendent naturellement vers le haut, soit que, étant plus légers, ils se trouvent repoussés par les éléments plus lourds qu'eux. Ceci posé, il apparaît clairement que l'âme est faite de souffle (c'est-à-dire d'air) ou de feu, et que, en se séparant du corps, elle s'élève dans l'espace. Mais si l'on admet que l'âme est un nombre — définition plus subtile qu'évidente – ou ce fameux cinquième élément plus difficile à nommer qu'à concevoir, on parle alors de principes beaucoup plus purs dans leur essence, et qui peuvent s'élever très haut au-dessus de la terre. Il faut bien que l'âme soit dans l'un de ces éléments si l'on ne veut pas que la pensée, si vive, gise enfouie dans le cœur, le cerveau, ou le sang comme chez Empédocle.

Pour Dicéarque* et son contemporain et condisciple Aristoxène*, fort savants au demeurant, je n'en parlerai pas ; car l'un semble n'avoir jamais eu la moindre idée de la souffrance – n'ayant pas le sentiment d'avoir une âme –, et l'autre est si obnubilé par sa musique qu'il n'hésite pas à appliquer les lois qui la régissent à celles de la philosophie. Or, si le repérage d'une trame harmonique est possible en musique à partir des intervalles dont les diverses combinaisons donnent plusieurs accords, en revanche je ne vois pas quelle harmonie pourrait résulter de la disposition des membres et de la structure d'un corps humain dépourvu d'âme. En fait, notre philosophe, si habile qu'il soit – et il l'est ·· ferait bien de laisser ce domaine à son maître Aristote et de se contenter d'enseigner la musique. Car comme le dit fort justement le fameux proverbe grec : « A chacun son métier. »

Quant à la théorie d'une rencontre fortuite d'atomes lisses et sphériques que Démocrite* voit, quant à lui, dotés de chaleur et respirables, c'est-à-dire formés d'air, écartons-la complètement ; si l'âme émane de certains des quatre éléments qui, paraît-il, sont les constituants de toutes choses, c'est d'air et de feu qu'elle est faite, comme le suppose plus particulièrement Panétius* : elle tend nécessairement vers le haut, étant entendu que ces deux éléments n'ont aucune tendance à descendre et cherchent, au contraire, constamment à s'élever. Par conséquent, s'ils se dissolvent, ils le font loin de la terre ; s'ils demeurent en conservant leur état, la nécessité est d'autant plus grande pour eux d'être transportés vers le ciel et de crever, en la traversant, l'atmosphère épaisse et dense qui nous entoure. Car l'âme est un principe plus ardent, ou plutôt plus brûlant, que notre air, que j'ai qualifié d'épais et dense, ce qui est facile à prouver puisque nos corps, dont l'élément constitutif est la terre, doivent leur chaleur à celle de l'âme.

Ajoutons que l'âme s'échappe de notre atmosphère – terme que j'ai déjà souvent employé – d'autant plus aisément que rien n'est plus rapide, ne peut rivaliser sur ce plan avec elle. Et si elle garde en permanence sa pureté et son intégrité, elle est nécessairement portée à pénétrer, crever l'étendue du ciel où s'amassent nuages, pluies et vents, ce ciel que rendent humide et sombre les exhalaisons de la terre.

Les espaces infinis ou l'accès à la connaissance

Lorsque l'âme a dépassé cette région, puis rejoint et reconnu un pays qui lui ressemble, elle s'arrête parmi les constellations qui ont pu se constituer grâce à un léger souffle et à un soleil moyennement chaud, et elle cesse de s'élever. Car une fois atteintes la légèreté et la chaleur qui lui sont familières, dans une sorte d'équilibre et d'état d'apesanteur, elle ne se meut plus dans aucune direction ; seul ce séjour, ce pays qui lui ressemble, lui est naturel. Là, elle ne manquera de rien, sa nourriture et son soutien étant ceux des astres. Et puisque nos corps s'embrasent de tous les désirs ou presque, et qu'ils brûlent d'autant plus que nous envions ceux qui possèdent ce que nous convoitons, nous serons heureux à coup sûr lorsque, débarrassés de nos corps, nous n'éprouverons plus ni désirs ni envie ; et ce qui se passe actuellement quand nous sommes délivrés de tout souci, cette volonté de nous intéresser à un objet et de l'examiner, nous aurons alors beaucoup plus le loisir d'y satisfaire en nous adonnant à une recherche approfondie, pour la simple raison que la nature a mis en nous une insatiable soif de vérité et que les confins où nous serons parvenus, en nous facilitant la connaissance des phénomènes célestes, accroîtront notre volonté de savoir. Car c'est leur beauté qui a suscité ici-bas l'illustre philosophie « de nos pères et de nos aïeux », d'après la formule de Théophraste*, cette ardente volonté de savoir. En jouiront au premier chef ceux qui, lorsqu'ils étaient sur terre enveloppés des ténèbres de l'ignorance, avaient le désir d'y voir clair. De fait, si aujourd'hui les hommes estiment avoir atteint leur but parce qu'ils sont allés voir le détroit du Bosphore qu'a franchi le navire ainsi nommé :

Argo, parce que les guerriers d'élite argiens, qu'il transportait,
Étaient à la recherche de la toison d'or d'un bélier [10].

ou encore celui de Gibraltar :

Où l'eau tumultueuse sépare l'Europe et l'Afrique [11],

que penser du spectacle offert lorsqu'ils pourront embrasser du regard la terre entière, c'est-à-dire sa place, sa forme, son étendue mais aussi ses régions habitables ainsi que ses zones désertiques à cause de la rigueur du froid ou de la chaleur !

Ce n'est pas avec les yeux, même actuellement, que nous reconnaissons ce que nous voyons, dans la mesure où la faculté d'éprouver une sensation ne se trouve pas dans le corps mais dans des sortes de canaux, comme nous l'enseignent, pour les avoir découverts et mis au jour, à la fois les physiciens et les médecins, canaux qui assurent une communication entre le siège de la pensée et les yeux, les oreilles, les narines. C'est pourquoi notre imagination ou le traumatisme d'une maladie gênent souvent notre vue ou notre ouïe alors que nos yeux et nos oreilles sont bien ouverts et en parfait état, et l'on comprend aisément que c'est l'âme qui voit et entend, non les organes qui sont en quelque sorte ses fenêtres mais qui ne seraient d'aucune utilité au psychisme si celui-ci n'y apportait une active contribution. En outre, n'est-ce pas par ce même psychisme que nous percevons des choses aussi différentes que la couleur, la saveur, la chaleur, l'odeur, le bruit, ce que l'âme serait tout à fait impuissante à appréhender seulement par les cinq sens si elle n'était la mesure et l'unique juge de tout ? Eh bien, crois-moi, nous en aurons une connaissance encore beaucoup plus nette et claire lorsque notre âme délivrée sera parvenue au séjour que la Nature lui destine. Car, pour l'heure, bien que cette dernière ait, avec un art souverain, pratiqué ces ouvertures évidentes du corps à l'âme, des éléments terrestres compacts les obstruent, en quelque sorte ; en revanche, quand l'âme n'aura plus d'entraves, aucun obstacle ne l'empêchera plus de percevoir la qualité de toutes choses.

Nul mieux que Platon n'a su démontrer l'immortalité de l'âme

Comme je développerais volontiers le nombre et la diversité des spectacles qui attendent l'âme dans les régions célestes si j'avais à les détailler !

Quand j'y pense, je reste souvent pantois, je te l'assure, devant l'arrogance de quelques philosophes, qui adhèrent fanatiquement à n'importe quelle théorie de la Nature, rendant grâces avec des transports de joie à son inventeur et le vénérant comme un dieu ; ils se disent grâce à lui affranchis de maîtres insupportables, d'une perpétuelle terreur et de l'angoisse, nuit et jour. Quelle terreur ? Quelle angoisse ? Angoisse de bonnes femmes assez folles pour croire à ces bêtises dont vous auriez vous-même peur, sans aucun doute, si vous n'aviez pas étudié la physique :

Profondes demeures infernales d'Orcus, lieux blêmes de la mort,
Enveloppés de ténèbres [12] !

Un philosophe qui se fait une gloire de ne pas

avoir peur de ces choses et de les tenir pour des racontars, quelle honte ! On peut vraiment parler de bon sens naturel puisque, sans leur formation philosophique, ils y auraient cru ! Il faut dire qu'ils ont été éclairés par de drôles de lumières en découvrant que, lorsque sonnerait l'heure de leur mort, ils disparaîtraient entièrement. Quand bien même cela serait (je ne vais pas leur chercher noise), trouve-moi là-dedans un motif de réjouissance ou de gloire !

Bref, je ne vois vraiment aucune raison pour battre en brèche la pensée de Pythagore et de Platon. Car, en admettant que Platon n'ait apporté aucun argument à l'appui de sa thèse (remarque ce que je concède), sa seule autorité me convaincrait ; or, il en a suffisamment apporté pour que nous soyons sûrs qu'il a voulu faire partager à tous son intime conviction.

Mais de très nombreuses personnes se raidissent contre sa pensée et vouent les âmes à la mort comme des condamnés à la peine capitale, n'ayant d'autre raison à alléguer pour justifier leur incrédulité, à propos de l'éternité de l'âme, que leur propre incapacité à concevoir et à se représenter une âme sans enveloppe corporelle. Comme s'ils pouvaient, à l'intérieur du corps, concevoir sa forme, sa taille, sa place ! S'ils pouvaient voir clairement tout ce qui est pour l'instant caché dans un être vivant, croient-ils donc qu'ils verraient l'âme tomber devant leurs yeux ou leur échapper, tant elle est subtile ? Que ceux qui se disent incapables de concevoir une âme sans son corps y réfléchissent bien : ils verront s'ils sont capables de la concevoir à l'intérieur. Quant à moi, si je considère la nature de l'âme, il m'apparaît beaucoup plus difficile, incertain, de me la représenter à l'intérieur du corps, comme en pays étranger, qu'à l'extérieur et parvenue à l'air libre, pour ainsi dire chez elle. Car à moins d'admettre que nous ne pouvons concevoir ce que nous n'avons jamais vu, il nous est tout à fait possible de saisir intellectuellement aussi bien la divinité elle-même que l'âme divine délivrée du corps. Dicéarque et Aristoxène ont totalement nié l'existence de l'âme pour la bonne raison qu'ils avaient du mal à en comprendre l'essence et les propriétés.

Sans doute n'est-il rien de plus grand que de voir l'âme avec les yeux de l'âme et c'est bien pourquoi le précepte d'Apollon a une telle force lorsqu'il nous invite à nous connaître nous-mêmes ; car il ne nous conseille pas, que je sache, de connaître nos membres, notre taille, notre silhouette : nous ne sommes pas que des corps et ce n'est pas à ton corps que je m'adresse en ce moment. Lorsqu'Apollon nous dit : « Connais-toi toi-même », il veut dire :

« Connais ton âme ». Le corps n'est autre qu'un vase, le réceptacle de l'âme ; tout ce que fait ton âme, c'est toi qui le fais. Donc, si la connaissance de l'âme n'était pas en soi divine, on n'aurait pas attribué à un dieu ce précepte d'une haute valeur spirituelle.

Mais dans l'hypothèse où l'âme, d'elle-même, ne connaîtrait pas sa propre nature, veux-tu bien me répondre : ne sait-elle pas qu'elle existe, qu'elle est dotée de mouvement ? C'est là-dessus que Platon a construit sa célèbre argumentation, celle que Socrate* développe dans *Phèdre* et que j'ai moi-même reprise au sixième livre de ma *République* : « Ce qui est toujours en mouvement est éternel ; en revanche, ce qui est moteur d'autre chose ou mû par autre chose cesse de vivre quand le mouvement cesse. Par conséquent, seul l'être qui se meut par lui-même, dans la mesure où il ne saurait trahir son essence, ne cesse jamais de se mouvoir ; qui plus est, il est, pour tous les autres êtres mis en mouvement, la source, le principe même qui les meut. Or, un principe n'a pas d'origine car c'est lui qui donne naissance à tout alors qu'il ne peut naître de rien, attendu qu'un principe engendré par un autre ne serait plus un principe. S'il n'a jamais eu de commencement, il ne peut non plus avoir de fin, car un principe anéanti ne pourrait ni renaître d'un autre ni en engendrer un autre puisque tout doit naître d'un principe. Ainsi l'être qui se meut de lui-même est en soi principe du mouvement, qui ne connaît ni naissance ni mort, sans quoi on assisterait fatalement à l'écroulement et à l'arrêt du ciel entier, de la création tout entière, et il ne se trouverait plus de force dont l'impulsion initiale soit capable de les mouvoir.

Puisqu'il est donc évident que l'être qui se meut de lui-même est éternel, qui osera nier que l'âme possède cette faculté ? En effet, tout corps qui tire son mouvement du dehors est inanimé ; tout corps qui le trouve au dedans, c'est-à-dire en lui-même, a une âme puisque la nature de l'âme et son caractère essentiel consistent en cela même ; si l'âme est seule à se mouvoir d'elle-même, elle n'a, bien sûr, pas eu de naissance et n'aura point de fin. »

Ils peuvent toujours courir, tous ces philosophes au rabais (il n'y a pas d'autre terme pour qualifier ceux qui s'opposent à l'école de Socrate et de Platon) : non seulement ils sont à tout jamais incapables de fournir une démonstration aussi fine, mais ils ne saisiront même pas la subtilité de sa logique.

Nous disons donc que l'âme sent qu'elle se meut, et qu'en le sentant, elle sent également qu'il s'agit là de sa propre force, non d'une force étrangère, et qu'elle ne peut en aucun cas trahir son essence.

Voilà son éternité démontrée, à moins que tu n'aies quelque chose à ajouter.

— Au contraire, je ne trouve rien à redire à cela et j'en suis enchanté ; j'adhère complètement à ta thèse.

La mémoire, preuve irréfutable de la nature divine de l'âme

— Voyons si tu vas maintenant faire moins de cas de celles qui démontrent qu'il y a dans l'âme humaine une part de divin ; si je comprenais comment cette part-là peut naître, je verrais du même coup comment elle meurt. Pour ce qui est du sang, de la bile, des mucosités, des os, des nerfs, des veines, bref de la configuration des membres et du corps dans son ensemble, je crois pouvoir dire comment et de quoi ils sont formés ; or, si l'âme ne consistait qu'en un principe vital, la vie humaine aurait pour moi le même support naturel que la vigne, ou l'arbre, dont nous disons aussi qu'ils vivent. De même, si elle ne connaissait que la convoitise ou l'aversion, je dirais qu'elle partage le sort des animaux. Mais elle possède avant tout la mémoire, une mémoire sans limite de faits innombrables que, du reste, Platon considère comme la réminiscence d'une vie antérieure. Dans son célèbre

62

ouvrage intitulé *Ménon*, Socrate interroge, en géométrie, un jeune garçon sur la mesure du carré ; celui-ci
lui répond de manière très puérile mais les questions s'enchaînent si habilement que, peu à peu, il
parvient au même résultat que s'il avait appris la
géométrie. Socrate veut démontrer par là qu'apprendre n'est autre que se souvenir. Il développe ce
point de vue de façon beaucoup plus serrée encore
au cours du dialogue qui eut lieu le jour de sa mort ;
là, il explique que quiconque, apparemment tout à
fait ignorant, montre, par ses réponses à quelqu'un
qui sait l'interroger, qu'il n'apprend rien sur le
moment mais retrouve le savoir par le souvenir. Il
serait d'ailleurs parfaitement impossible que, dès
l'enfance, tant de notions essentielles – que les
Grecs appellent ἔννοιαι – soient gravées, scellées en
nous, pourrait-on dire, si l'âme, avant de pénétrer
dans le corps, n'en avait eu une connaissance
intime. L'âme prisonnière du corps n'*étant* pas, thèse
que l'on retrouve en maints endroits chez Platon – il
pense en effet que ce qui a un début et une fin n'*est*
pas, la notion d'*être* impliquant une continuité de
l'être ; et il emploie le mot ἰδέα, que nous tradui-
sons par idée –, elle n'a pu y acquérir de connaissance ; elle a introduit dans le corps ce qu'elle savait
déjà et il ne faut donc pas nous étonner de savoir
tant de choses. Soudain introduite dans une habita-

tion si étrange et en proie à l'agitation, l'âme ne peut les voir clairement, mais après s'être ressaisie et rassérénée, elle les retrouve par la réminiscence. C'est pour cela qu'apprendre n'est autre que se souvenir.

Pour ma part, j'admire plus que tout la mémoire : que nous rappelons-nous ? Quel en est le caractère spécifique ? D'où vient-elle ? Je ne vais pas tenter de mesurer la mémoire exceptionnelle d'un Simonide, d'un Théodecte, d'un Cinéas (l'ambassadeur de Pyrrhus auprès du sénat), ou plus récemment d'un Charmadas, d'un Métrodore de Scepsis* (qui vient de mourir), ou encore de mon ami Hortensius[13] ! Je parle de la mémoire normale et de celle que l'on rencontre plus particulièrement chez ceux dont les études ou le métier sont d'une grande exigence ; il est difficile d'évaluer l'étendue de leur intelligence ; ils doivent, en tout cas, beaucoup à la mémoire.

Tu te demandes où je veux en venir ? Je cherche à comprendre ce qu'est cette faculté et d'où elle vient : certainement pas du cœur, ni du sang, ni du cerveau, ni des atomes ; du souffle ou du feu ? Je n'en sais rien, et je n'ai pas honte, contrairement à certains, d'avouer mon ignorance. La seule certitude dont je puisse me prévaloir dans ce domaine incertain, c'est que, souffle ou feu, l'âme est divine. Car enfin, j'insiste là-dessus, crois-tu vraiment que la terre et ce ciel couvert d'épais nuages puissent engendrer ou développer la faculté extraordinaire de la mémoire dont tu ne saisis peut-être pas l'essence, mais à coup sûr les propriétés ou, tout au moins, l'importance. Alors ? Acceptons-nous l'idée que l'âme est une sorte de réceptacle qui contient, comme on le dirait d'un vase, nos souvenirs ? Ce serait absurde. Comment se représenter l'âme sous cette forme, quel en serait le fond et, en un mot, la capacité ? Allons-nous plutôt penser que l'on peut graver dans l'âme comme dans de la cire et que la mémoire est faite de traces que la pensée a conservées ? Mais que sont des traces de mots ou de choses, quelle étendue incommensurable faudrait-il à la mémoire pour qu'elle puisse emmagasiner tant de souvenirs ? Enfin, quel est donc ce pouvoir de pénétrer les secrets du monde et que l'on appelle faculté créatrice, imagination ? A ton avis, est-il de nature terrestre, fragile, périssable, le doit-on à celui qui, le premier (geste hautement philosophique pour Pythagore), a donné un nom à chaque objet, ou à celui qui a réuni les hommes, auparavant dispersés, en jetant les bases d'une vie sociale, à celui qui a ramené les sons de la voix, apparemment infinis, à un petit nombre de lettres, à celui enfin qui a noté le cours des planètes, leurs antécédents, leur arrêt ? Tous étaient de grands hommes, ainsi que leurs prédécesseurs à qui nous devons les produits de la terre, les vêtements, les habitations, les objets de première nécessité et les moyens de protection contre les bêtes sauvages ; grâce à eux, nos mœurs se sont adoucies, raffinées, et nous sommes passés du strict nécessaire au luxe.

Naquit alors, pour le plus grand plaisir de nos oreilles, la découverte de la nature des sons et de leurs divers agencements ; et nous avons appris à regarder les astres, ceux qui restent fixes en des points précis et ceux dont le nom signifie qu'ils errent, bien que ce ne soit pas le cas. Celui qui a, par la pensée, saisi leurs révolutions et tous leurs mouvements, a fait la preuve d'une similitude entre son âme et celle de leur créateur dans le ciel : lorsqu'Archimède* a inscrit sur une sphère les mouvements de la lune, du soleil et des cinq planètes [14], il a fait la même chose que le dieu de Platon dans le *Timée*, qui construit l'univers en soumettant l'hétérogénéité des mouvements rapides et lents à la loi unique du mouvement circulaire. Si seul un dieu est capable, en ce monde, de réaliser cela, il va de soi que sans une intuition divine, Archimède n'aurait pas pu reproduire ces mouvements sur sa sphère.

La création humaine, reflet de la création divine

Je pense que des phénomènes encore plus probants ne sont pas non plus, dans leur évidence, dépourvus de caractère divin : comment croire qu'un poète puisse composer des vers d'une authentique richesse sans une inspiration divine, que la musique de ses mots, la densité de ses phrases puissent exprimer une parole fluide et aisée sans l'aide d'une force supérieure ? Quant à la philosophie, mère de tous les arts, n'est-elle pas un don, selon Platon, une invention des dieux, selon moi ? C'est elle qui nous a initiés à leur culte, puis au droit relatif à la société des hommes, enfin à la mesure et à la magnanimité ; elle qui a dissipé les ténèbres de nos cœurs et de nos yeux en nous permettant de voir ce qui est au-dessus et au-dessous, au début, au milieu et à la fin de toutes choses. Je suis bien sûr qu'elle est divine, cette puissance capable de réaliser tant de prodiges. Qu'est-ce, en effet, que la mémoire des mots et des choses ? Allons plus loin, qu'est-ce que la puissance créatrice ? Rien de plus grand, même en dieu, ne peut se concevoir, je te l'assure ! Ce ne sont, que je sache, ni l'ambroisie, ni le nectar, ni les coupes offertes par la déesse Jeunesse qui font le bonheur des dieux ; lorsqu'Homère nous raconte que ceux-ci enlevèrent le beau Ganymède [15] pour qu'il devienne l'échanson de Jupiter, prétexte fallacieux qui devait tant outrager Laomédon, je ne prends pas son récit à la lettre. Ce n'est qu'une fiction par laquelle il a doté les dieux d'humanité ; j'eusse préféré qu'il insistât sur notre propre divinité. Ce que j'entends par là ? La force, la sagesse, la faculté de créer, de se souvenir.

J'affirme donc que l'âme est divine, qu'elle est, comme ose le dire Euripide, dieu, et j'irai plus loin : si dieu est souffle ou feu, l'âme humaine l'est aussi. Le propre du ciel est d'être étranger à tout élément terrestre ou liquide, ainsi en va-t-il de l'âme humaine ; et s'il existe un cinquième élément, celui-là même dont Aristote a introduit la notion, il est commun aux dieux et aux hommes. C'est l'idée que j'ai exprimée dans ma *Consolation* [16], dont je te rappelle quelques phrases :

« Il est impossible de découvrir sur terre l'origine de l'âme, car il n'est en elle aucun mélange, aucune compacité, rien qui semble issu de la terre, rien non plus qui s'apparente à l'eau, à l'air ou au feu. Ces éléments, en effet, ne comportent aucune faculté de mémorisation, de compréhension, de réflexion capable de retenir le passé, prévoir l'avenir et embrasser le présent, toutes qualités strictement divines dont on ne saura jamais comment elles ont pu parvenir jusqu'à l'homme sinon par un dieu. C'est donc que l'élément propre à l'âme, son essence, sont distincts de ce que nous connaissons et à quoi nous sommes habitués ; ainsi, quelle que soit la nature de ce qui éprouve, raisonne, possède vie et force, elle est nécessairement céleste et divine, et par conséquent éternelle. Et, de fait, un dieu accessible à notre intelligence ne peut être qu'un esprit absolument libre, indépendant de toute matière périssable, percevant tout, mettant tout en mouvement et lui-même doté d'un mouvement éternel. Voilà exactement l'essence de l'esprit humain. »

— Mais où est cet esprit ? Quel est-il ?

— Et le tien ? Peux-tu le dire ? Je reconnais ne pas disposer de tous les éléments que je voudrais pour comprendre : n'ai-je pas le droit de me servir strictement de ce que j'ai ? L'âme n'a pas le pouvoir de se voir elle-même mais, tout comme l'œil, bien qu'elle ne se voie pas, elle saisit le monde extérieur. Elle ne voit pas, en fait, ce qui compte très peu, c'est-à-dire sa forme (quoique, pourquoi pas ? Mais passons) ; elle voit en tout cas sa force, sa sagacité, sa mémoire, son mouvement, sa rapidité : qualités immenses, divines, éternelles. Quant à son apparence ou son séjour, ce sont là questions nulles et non avenues.

Il suffit de voir l'éclat et la limpidité du ciel, la

rapidité des révolutions qui dépasse l'entendement, l'alternance des jours et des nuits, le retour des quatre saisons, indispensable à la maturité des récoltes ainsi qu'à l'équilibre physique, et le soleil qui régule et commande tout l'ensemble, et la lune dont la lumière croît et décroît, égrenant ainsi les jours du calendrier puis, dans la même orbite divisée en douze parties, les cinq planètes qui, en dépit de leur disparité de mouvements, observent un cours d'une extrême régularité, et la beauté d'une nuit au ciel piqué d'étoiles, et le globe terrestre émergeant de la mer, qui constitue le centre de l'univers et dont deux régions éloignées l'une de l'autre sont habitables et cultivées, la première, celle où nous sommes :

Située sous le pôle auprès des sept étoiles, d'où l'Aquilon,
    Aux affreux sifflements, provoque les grands froids [17],

la seconde, la zone australe, que les Grecs appellent ἀντίχθονα et qui nous est inconnue ; tout le reste est inculte, soit durci par le froid, soit desséché par la chaleur, alors qu'ici, où nous habitons, on voit constamment, à la bonne saison :

Le ciel briller, les arbres se couvrir de feuilles,
    Les vignes du bonheur développer leur pampre,
    Les branches se courber sous le poids de leurs fruits,
    Les champs produire abondamment, des fleurs partout,
    Les sources jaillir, les prés se tapisser d'herbe [18] ;

il suffit de voir, dis-je, le nombre d'animaux grâce auxquels nous nous nourrissons, nous cultivons nos champs, nous voyageons, nous nous habillons, et jusqu'à l'homme, cet observateur du ciel, cet adorateur des dieux qui soumet terres et mers à ses besoins ; lorsque l'on voit cela et tant d'autres merveilles, peut-on douter de l'existence d'un être qui soit, comme le pense Platon, le réalisateur d'une œuvre aussi monumentale (s'il y a eu un commencement) ou, selon Aristote, son orchestrateur (si tout existait depuis toujours) ? Ainsi de la pensée humaine, quoique tu ne la voies pas plus que tu ne vois dieu : de même que tu reconnais dieu à ses œuvres, tu pourras reconnaître le caractère divin de la pensée à sa mémoire, sa créativité, sa vivacité ainsi qu'à tout ce qui la caractérise magnifiquement.

Où se situe-t-elle donc ? Dans la tête, à mon avis, et je peux dire pourquoi. Quant à l'âme, nous en débattrons plus loin ; ce qui est sûr, en tout cas, c'est qu'elle est en toi. De quelle nature est-elle ? D'une nature qui n'appartient qu'à elle. Supposons-la brûlante, aérienne, cela n'a aucune importance. Il y a une seule chose à admettre : de même que tu crois en dieu sans avoir jamais vu sa demeure ni son apparence, tu dois apprendre à connaître ton âme sans rien savoir de son siège ni de sa forme. Or, lorsqu'on étudie l'âme, on sait sans le moindre doute, à moins d'être complètement nul en physique, qu'elle n'est faite d'aucun mélange, aucun agrégat, aucune liaison, aucun assemblage, aucune dualité. Dans ces conditions, on ne peut ni la dissocier, ni la diviser, ni la désunir, ni la décomposer, ni la sectionner, et elle ne peut mourir, puisque la mort se ramène purement et simplement à la séparation des parties qui, auparavant, étaient liées.

« Que philosopher, c'est apprendre à mourir »

C'est pour de telles raisons que Socrate, lors de son procès capital, parut si déterminé, refusa tout défenseur et ne plia pas devant ses juges, qu'il montra une totale indépendance d'esprit, marque d'une âme supérieure et non d'orgueil, jusqu'au jour de sa mort où il s'entretint longuement de la mort même ; quelques jours auparavant, il avait refusé de s'évader de prison alors que la chose était facile. Au moment précis où il allait prendre la boisson mortelle, il s'exprima non comme un homme qui va mourir mais comme quelqu'un qui s'apprête à monter au ciel.

La pensée qu'il développa était la suivante : deux voies, deux directions s'offrent aux âmes à leur sortie des corps ; devant celles que les vices ont corrompues, qui se sont adonnées à tous les excès et ont, dans cet aveuglement, souillé leur vie privée des pires turpitudes ou, portant atteinte à l'État, commis des crimes abominables, s'ouvre un chemin de traverse banni de l'assemblée des dieux ; pour celles qui, au contraire, ont su rester chastes et pures, qui ont eu le moins possible de relations charnelles, cherchant constamment, quoique prisonnières d'un corps humain, à s'en détacher afin de se rapprocher de la vie divine, se dessine clairement le chemin du retour vers le lieu de leur origine. C'est pourquoi, évoquant les cygnes consacrés à Apollon non par pure fantaisie mais parce qu'ils ont probablement reçu de lui un don divinatoire qui les persuade que la mort est un bien, Socrate nous fait remarquer que, s'ils savent mourir avec des chants de joie, tous les justes et les sages doivent en faire autant. Nous n'en douterions, du reste, nullement si nous n'étions victimes, lorsque nous nous penchons sérieusement sur le problème de l'âme, de ce qui arrive fréquemment à ceux qui fixent le soleil couchant : ils sont aveuglés. De même, notre esprit, rendu myope par son égocentrisme, perd de son acuité et nous cessons de voir les choses avec précision ; notre parole, alors, hésitante, indécise, embarrassée, pleine d'appréhension, flotte comme sur un radeau au milieu d'une mer immense.

Mais il s'agit là du passé et des Grecs. Or, Caton a

également quitté la vie en homme heureux d'avoir trouvé un sens à la mort. Le dieu qui règne en nous nous interdit de quitter l'existence sans son ordre ; le sage, lorsqu'il en a reçu l'ordre divin – comme ce fut le cas, jadis, pour Socrate, plus récemment pour Caton et pour bien d'autres encore –, quitte dans la joie, je m'en porte garant, les ténèbres d'ici pour la lumière de là-bas sans pour autant avoir brisé les chaînes de sa prison (la loi s'y oppose), mais rappelé à dieu comme par un magistrat ou toute autre autorité légitime. Car la vie entière du philosophe, nous le savons, est une préparation à la mort.

Que faisons-nous lorsque nous détachons notre âme du plaisir (c'est-à-dire du corps), des affaires privées (qui en dépendent étroitement), des affaires publiques, bref de tout ce qui est synonyme d'activité, que faisons-nous, dis-je, sinon l'obliger à se ressaisir, l'inciter à la concentration et surtout l'isoler du corps ? Or, séparer l'âme du corps, c'est, assurément, apprendre à mourir. Méditons là-dessus, crois-moi, et désunissons-nous de nos corps ; j'entends, accoutumons-nous à mourir : nous vivrons ainsi, durant notre séjour sur terre, comme si nous étions déjà au ciel et lorsque, délivrés de nos chaînes, nous y serons transportés, le trajet paraîtra moins long à nos âmes. Celles, en effet, qui ont toujours été entravées par leur corps, ont un essor plus lent une fois libérées, tout comme les captifs qui sont restés de nombreuses années enchaînés. Lorsque nous serons là-bas, c'est alors que nous vivrons ; car c'est la vie d'ici-bas, sur laquelle j'aurais bien des larmes à verser, si je me laissais aller, qui est la mort.

— Tu l'as fait abondamment dans ta *Consolation* ; quand je la lis, je n'ai pas d'autre envie que celle de quitter ce monde et je le souhaite plus encore, je te l'assure, après ce que tu viens de dire.

— Ton heure viendra, et vite même, que tu veuilles la reculer ou que tu la hâtes ; le temps s'envole. Mais pour que tu ne croies plus, comme il y a peu encore, que la mort est un mal, je te démontrerai qu'il n'y a rien de plus insignifiant et, même, pas de plus grand bien pour nous qui sommes destinés à être dieux ou à vivre avec les dieux.

— Est-ce bien nécessaire ?

— Il y a des gens qui n'en sont pas convaincus ; et je suis bien décidé à ne pas terminer cet entretien avant d'avoir démonté tous les arguments capables de t'ébranler sur ce point.

— Mais lesquels, après ce que tu viens de me dire ?

— Tu le demandes ? Nous avons affaire à des bataillons de contradicteurs, et pas seulement chez les épicuriens (que, du reste, je ne méprise pas) mais chez les penseurs les plus éminents — ce dont je m'étonne — et jusqu'à mon préféré, Dicéarque, l'adversaire le plus acharné de la thèse de l'immortalité de l'âme. Il a écrit trois livres (qu'on appelle les-biens parce qu'il s'agit de dialogues qui se déroulent à Mitylène) dans lesquels il entend établir que l'âme est mortelle. Quant aux stoïciens, ils nous accordent généreusement quelques miettes, comme à des oiseaux, en affirmant que l'âme survit longtemps, mais pas éternellement. Tu n'as pas envie de savoir, en dépit de ces prises de position, pourquoi la mort ne peut faire partie des maux ?

— Si tu veux ; mais je sais que je ne reviendrai pas sur la question de l'immortalité.

— Je t'en félicite, bien qu'il ne faille pas dire : « Fontaine... ». Nous sommes souvent ébranlés par une démonstration convaincante, nous hésitons, nous changeons d'avis, même quand l'affaire est relativement claire : or, celle que nous traitons n'est pas sans ambiguïté. Soyons donc prêts à parer à toute éventualité.

— D'accord, mais cela n'arrivera pas ; j'y pourvoi-rai.

— Est-ce que tu vois un inconvénient à ce que nous laissions de côté nos amis les stoïciens, je veux dire ceux qui soutiennent que l'âme survit, une fois sortie du corps, mais pas pour toujours ?

— Tu veux parler de ceux qui ont, dans ce débat, la position la plus difficile à défendre : ils acceptent l'idée que l'âme puisse survivre sans le corps, mais n'en acceptent pas la suite logique, pourtant facile à admettre. Pour eux l'âme, bien que pouvant survivre longtemps, ne saurait être immortelle !

– Bonne critique, c'est exactement ça. Faut-il donc aller dans le sens de Panétius lorsqu'il s'oppose à son maître Platon à qui il reconnaît, par ailleurs, un don prophétique, une intelligence et une intégrité qui en font l'Homère des philosophes ? Le seul point sur lequel il est en désaccord avec lui, c'est la question de l'immortalité de l'âme. Il soutient en effet, ce que personne ne conteste, que tout ce qui est engendré est destiné à mourir ; or, c'est, pour lui, le cas des âmes, et il en veut pour preuve la ressemblance entre parents et enfants, à la fois morale et physique. A cela s'ajoute un autre argument : tout ce qui peut souffrir peut aussi tomber malade ; or, ce qui tombe malade s'expose à la mort ; l'âme souffre, donc elle meurt aussi.

Un tel raisonnement est aisé à réfuter, car il ignore que, lorsque l'on parle d'âme immortelle, on entend habituellement l'intellect (qui jamais n'est en proie au désordre) et non le siège des chagrins, des colères et des désirs que Platon, contre qui est dirigée l'argumentation, situe loin de l'intellect, tout à fait à part. En ce qui concerne la ressemblance, elle est déjà plus apparente chez les bêtes, dont l'âme est dépourvue de raison, que chez les hommes ; pour eux, c'est la ressemblance physique qui domine car celle de l'âme dépend beaucoup du corps qui l'abrite ; celui-ci, en effet, agit grandement sur l'intelligence, soit pour l'aiguiser, soit pour l'émousser. Aristote va jusqu'à dire que les esprits particulièrement vifs sont tous angoissés (je ne suis pas fâché d'être moi-même un peu lent) ; il en donne de nombreux exemples et nous en fournit une explication convaincante.

Il est vrai que notre état mental est extrêmement tributaire de ce qui se passe dans notre corps ; que, par ailleurs, c'est du corps, à des degrés divers, que naît la ressemblance ; mais cela ne prouve en rien que les âmes naissent. Et je ne dis rien des différences. Je voudrais que Panétius puisse être là (il a vécu dans l'entourage de Scipion l'Africain) : je lui demanderais à quel membre de sa famille ressemblait le petit-neveu de Scipion ; physiquement à son père, sans doute, mais il se conduisait en tous points comme un dépravé, le pire des dépravés, peut-on dire. A qui ressemblait donc le petit-fils de l'homme de tout premier plan, sage, éloquent, qu'était Crassus, à qui ressemblaient les descendants de tant de grands hommes qu'il est inutile d'énumérer ici ?

Mais que se passe-t-il ? Sommes-nous en train d'oublier notre propos ? Nous voulions démontrer, après avoir abondamment parlé d'éternité, que la mort n'est aucunement un mal, même si l'âme disparaît.

— Pour ma part, je m'en souvenais mais je t'ai laissé volontiers t'écarter du sujet puisque tu parlais d'éternité.

C'est la vie, non la mort, qui est un mal

— Je vois que tu vises haut et que ton désir est de monter au ciel ; je souhaite que nous y parvenions. Mais faisons, pour aller dans le sens de nos adversaires, comme si l'âme ne survivait pas après la mort ; dans ce cas, nous voici privés de l'espoir d'une vie plus heureuse. En quoi cette opinion est-elle néfaste ?

L'âme meurt donc en même temps que le corps ; celui-ci conserve-t-il alors la faculté de souffrir ou, simplement, de sentir ? Personne ne répond à la question, sauf Épicure, qui fait là-dessus un mauvais procès à Démocrite*, et les disciples de ce dernier, qui répondent par la négative. La faculté de sentir ne peut subsister dans l'âme non plus, puisqu'elle-même n'est plus ; où donc est le mal, puisqu'il n'y a pas de troisième élément constitutif de la vie ? Est-il dans le fait que la séparation de l'âme et du corps ne s'effectue pas sans douleur ? A supposer que ce soit le cas, cela ne doit pas durer bien longtemps ;

79

mais c'est faux, à mon avis ; la séparation se passe la plupart du temps sans que l'on s'en rende compte, quelquefois même avec plaisir, et, quelles qu'en soient les circonstances, tout à fait en douceur puisqu'en un clin d'œil.

Ce qui nous afflige, ou plutôt nous tourmente, c'est de nous séparer des bonnes choses de la vie. Attention ! Il serait plus juste de dire : « De ses maux ». Qu'ai-je à faire de me lamenter sur la vie ? J'en aurais pourtant bien le droit, mais il ne sert à rien de la rendre encore plus triste en pleurant sur le sort de l'humanité quand ce que je veux c'est que nous cessions de croire que nous serons malheureux après la mort. Je l'ai fait dans l'ouvrage où j'ai tenté, dans la mesure du possible, de me consoler moi-même.

La mort, pour dire la vérité, nous détache des maux et non des biens. C'est ce qu'Hégésias de Cyrène* développait de manière si brillante que le roi Ptolémée dut lui interdire de traiter de ce sujet durant ses cours, car nombre de ses disciples décidaient de se suicider après l'avoir entendu. Il existe une épigramme de Callimaque, concernant Théombrote d'Ambracie, dans laquelle il dit qu'après avoir lu le texte de Platon, Théombrote se jeta dans la mer du haut d'un rempart, sans qu'aucun malheur lui fût arrivé. L'ouvrage d'Hégésias dont je te parle s'intitule l'*Apocarteron*, parce que son héros se laisse mourir de faim et répond à des amis, qui tentent de le retenir, en leur énumérant les difficultés de l'existence. Je pourrais le faire moi aussi, moins radicalement que lui toutefois, qui pense que vivre n'a d'intérêt pour strictement personne ; je ne veux pas parler pour les autres, mais pour moi, la vie a-t-elle encore un intérêt ? Car même si j'étais mort avant d'avoir été privé des douceurs de la famille et des honneurs du forum, c'est à des maux, de toute façon, et non à des biens, que la mort m'aurait arraché.

Prenons l'exemple d'un homme qui n'a subi aucun malheur, reçu aucun coup du sort : le fameux Metellus dont les quatre fils ont fait carrière dans la magistrature. Opposons-lui Priam, qui en a eu cinquante, dont dix-sept légitimes. Le sort avait le même pouvoir sur tous deux mais ne s'est acharné que sur le second ; Metellus, en effet, a été enterré par de nombreux enfants et petits-enfants alors que Priam a perdu toute sa famille et a été assassiné près de l'autel où il s'était réfugié. S'il était mort en pleine gloire et du vivant de ses fils :

> *...Quand resplendissaient la puissance barbare,*
> *Les plafonds sculptés, lambrissés*[19],

aurait-il donc quitté les biens de ce monde, ou ses maux ? Les biens, à première vue ! Mais en réalité, mourir aurait été ce qui pouvait lui arriver de mieux et, aujourd'hui, on ne chanterait pas ces vers en pleurant :

> *J'ai vu tout cela en flammes,*
> *La vie arrachée à Priam,*
> *L'autel de Jupiter souillé de sang* [19]

Comme s'il avait pu lui arriver un plus grand bonheur que cette violence ! S'il était mort avant, il aurait eu, sans nul doute, une fin moins terrible ; en la circonstance, au moins, il n'eut pas conscience de son malheur.

Alors que mon ami Pompée était gravement malade à Naples, son état s'améliora : les Napolitains se parent aussitôt de couronnes, les gens de Pouzzoles aussi, bien entendu, les félicitations officielles arrivent en masse des bourgades ; manifestation hors de propos, n'est-ce pas, et bonne pour des Grecs, mais assez répandue. S'il avait succombé alors, aurait-il été privé d'une vie heureuse ou malheureuse ? D'une vie de misère, oui ! Car il n'aurait pas combattu son beau-père, pris les armes sans préparation, abandonné sa maison, fui l'Italie ; il ne serait pas tombé, sans secours après avoir perdu son armée, sous les coups d'esclaves ; nous ne pleurerions pas ses enfants, tous ses biens ne seraient pas aux mains de ses vainqueurs. Si la mort l'avait emporté à ce moment-là, il aurait disparu en pleine prospérité alors que, en ayant survécu, il a touché le fond de la souffrance ! Voilà ce que l'on évite en mourant, peut-être pas effectivement, mais potentiellement. Seulement, les hommes croient toujours que le malheur n'est pas pour eux : chacun espère avoir la chance de Métellus, comme s'il y avait forcément plus de gens chanceux que malchanceux ; comme si l'on pouvait être assuré de quoi que ce soit ici-bas ; comme si l'espérance était une attitude plus sage que la peur.

Si l'âme est périssable, la mort est-elle vraiment un manque à vivre ?

Considérons maintenant la mort comme une privation des agréments de la vie : est-ce à dire que si ces derniers nous manquent, nous sommes malheureux ? C'est la thèse de nos adversaires. Mais celui qui n'existe pas peut-il éprouver le manque ? Le terme même de manque a une connotation négative : on a eu, on n'a plus ; on regrette, on recherche, on ressent le besoin d'avoir. Voici des exemples où le manque est véritablement un malheur : perdre la vue, le malheur d'être aveugle ; perdre ses enfants, la souffrance du deuil ; je veux parler des vivants car en ce qui concerne les morts, rien ne saurait leur manquer, ni les agréments de la vie, ni la vie même, et j'emploie ici « morts » au sens de « qui n'existent plus ». Mais nous qui existons, pouvons-nous dire que les cornes ou les plumes nous manquent ? Bien sûr que non ! Et pourquoi donc ? Parce que lorsque tu n'as pas ce dont l'usage ou la Nature ne t'ont pas pourvu, cela ne peut te manquer, même si tu en éprouves l'absence. C'est là-dessus qu'il faut insister sans relâche, opiniâtrement, si nous sommes certains du fait (et comment en douter, si l'âme est mortelle ?) que la mort représente un tel anéantissement que l'on n'y conserve pas la moindre trace de sentiment. Cette conviction solidement établie et ancrée en nous, il convient de définir très précisément ce qu'est le manque, afin d'éviter toute équivoque. « Manquer de » signifie ressentir le besoin de quelque chose que l'on voudrait avoir. Car le manque implique le désir, sauf lorsque l'on s'exprime dans un autre registre (comme avoir ou ne pas avoir de la fièvre) ; on emploie également le terme pour quelque chose que l'on n'a pas et dont on sent bien qu'on ne l'a pas, même si l'on s'en passe aisément. Lorsque l'on est mort, on ne saurait parler de manque dans cette acception qui n'implique pas une idée de souffrance ; on dit plutôt : manquer d'un bien, c'est cela qui est un mal. Mais même un vivant ne manque pas d'un bien s'il n'en éprouve pas le besoin ; si l'expression « la royauté te manque » peut avoir un sens pour un vivant (pas précisément pour toi, du reste, mais par exemple pour Tarquin, après qu'il eut été chassé de son trône), dans le cas d'un mort cela ne veut rien dire. Car le manque est inséparable du sentiment, et il n'y en a nullement chez un mort ; il ne peut donc y avoir de manque.

Mais à quoi bon philosopher sur un sujet qui n'a pas grand-chose à voir avec la philosophie ? Que de fois nos chefs militaires se sont-ils précipités vers une mort certaine avec des armées entières ! Si l'on redoutait vraiment la mort, Lucius Brutus n'aurait pas succombé en se battant pour empêcher le retour du tyran qu'il avait mis en fuite ; ni Décius père, ni son fils, ni son petit-fils ne seraient tombés, tour à tour, sous les coups de leurs ennemis respectifs, Latins, Étrusques, et enfin Pyrrhus ; on n'aurait pas vu, au cours de la même guerre, mourir pour leur patrie les Scipions en Espagne, Paulus et Geminus à Cannes, Marcellus à Venouse, Albinius dans la forêt de Litana, Gracchus en Lucanie. Lequel d'entre eux est malheureux aujourd'hui ? Ils ne le furent pas plus après avoir rendu leur dernier soupir, car une fois tout sentiment anéanti, on ne peut être malheureux. « Mais ne plus rien sentir, voilà bien l'odieux ! », dira-t-on. Odieux, oui, si l'on ressent ce manque. Mais puisqu'il est évident qu'il ne peut rien exister pour celui qui n'existe pas lui-même, que peut-il y avoir d'odieux pour quelqu'un qui ne

sent plus rien et n'éprouve donc aucun manque ?
J'emploie peut-être un peu trop cet argument contre
l'angoisse de la mort ; c'est qu'il y a là une véritable
pierre d'achoppement. Lorsqu'en effet l'on a bien
saisi – et c'est plus clair que de l'eau de roche –
qu'une fois l'âme et le corps détruits (donc toute vie
dissoute et l'anéantissement total accompli) l'être
qui était vivant n'est plus rien, on ne peut que
reconnaître qu'il n'y a aucune différence entre un
centaure qui n'a jamais existé et le roi Agamemnon,
et que Marcus Camille ne fait pas plus de cas aujour-
d'hui de notre guerre civile que je n'en faisais moi-
même de la prise de Rome à son époque. Pourquoi,
en revanche, Camille vivant pouvait-il s'émouvoir à
la pensée d'événements qui devaient avoir lieu
quelque trois cent cinquante ans plus tard, tout
comme je peux moi-même m'émouvoir du fait que
notre ville doive tomber aux mains d'une nation
quelconque dans dix mille ans ? C'est que le sentiment patriotique dépasse l'aspect individuel pour
s'intéresser à un devenir collectif. C'est pourquoi la
mort, qui nous menace à chaque instant – ce sont
les vicissitudes de la vie –, que nous ne pouvons
guère oublier en raison de la brièveté de nos jours,
n'empêche pas le sage de se sentir concerné par la
vie politique autant que par sa vie privée, dans la
préoccupation de l'avenir, même s'il n'en est pas
forcément conscient. Aussi, tout en supposant que

l'âme est mortelle, peut-on travailler sur le long terme et par passion, non d'une gloire que l'on n'a aucune chance de savourer, mais de la vertu qui aboutit tôt ou tard à la gloire, même si ce n'est pas celle-ci que l'on recherche. Si la loi de la Nature est telle que la mort soit pour nous la fin de tout comme la naissance en est le commencement, rien n'a pu nous concerner avant notre naissance et rien ne le pourra après notre mort. Dans ces conditions, quel mal y a-t-il pour nous puisque, vivants ou morts, la mort ne nous concerne pas ? Dans le second cas nous n'existons plus et, dans le premier, elle n'a pas de prise sur nous.

Mourir est aussi naturel que vivre

Certaines personnes veulent rendre la mort plus légère en l'assimilant au sommeil ; comme si l'on pouvait accepter de vivre quatre-vingt-dix ans à la condition, au bout de soixante ans, de passer le reste du temps à dormir ! Nos proches ne le voudraient pas, à plus forte raison nous-mêmes !

Prenons pour exemple la légende d'Endymion : endormi je ne sais quand sur le mont Latmos, en Carie, il ne s'est, à ma connaissance, toujours pas réveillé. Crois-tu donc qu'il s'émeuve quand la Lune, qui l'a plongé dans une longue léthargie pour parvenir à l'embrasser, est défaillante[20] ? De quoi peut, d'ailleurs, s'émouvoir celui qui ne sent rien ? Le sommeil te donne l'apparence de la mort, tu la revêts chaque jour et tu doutes qu'on soit insensible dans la mort alors qu'il en est ainsi, tu le vois bien, dans son simulacre !

Chassons également les inepties dignes des vieilles femmes selon lesquelles il serait triste de mourir avant l'heure. Quelle heure ? Celle dont a décidé la Nature ? Mais elle n'a fait que nous prêter la vie, comme une somme d'argent, sans fixer d'échéance ! De quel droit vas-tu te plaindre, si elle la réclame quand elle le décide, puisque c'est à cette condition que tu l'avais reçue ? Autre exemple : il faut, dit-on, supporter la mort d'un petit enfant avec résignation et, s'il s'agit d'un nourrisson, il n'y a même pas à pleurer. Pourtant, la Nature, dans le second cas, a repris de façon plus cruelle encore ce qu'elle avait donné ! « Il n'avait pas eu le temps de goûter aux douceurs de la vie, nous explique-t-on, tandis que l'enfant, lui, espérait beaucoup d'une vie dont il commençait de jouir. » Or la pensée commune, en toutes circonstances, est qu'il vaut mieux avoir peu que rien ; pourquoi en serait-il autrement pour la vie (quoique Callimaque dise à juste titre que Priam a pleuré beaucoup plus souvent que Troïlus[21]) ?

On trouve communément que ceux qui meurent

de vieillesse ont de la chance. Pourquoi ? Une vie plus longue n'est pas nécessairement plus agréable. Mais il est vrai que la sagesse est notre bien le plus précieux ; et si la vieillesse nous supprime tout le reste, elle nous apporte à coup sûr la sagesse. Or, qu'est-ce qu'une vie longue ou, plus généralement, qu'est-ce qui paraît long à l'homme ? N'est-ce pas justement la vieillesse qui :

Nous talonne toute notre vie, dès l'enfance, dès l'adolescence, Et nous rattrape à notre insu[22].

C'est parce qu'alors nous n'avons plus de projets qu'elle nous paraît longue ; les notions de longueur et de brièveté sont relatives à ce que chacun a reçu en partage. Près du fleuve Hypanis qui coule dans la partie européenne du Pont-Euxin, naissent des insectes qui, d'après Aristote, ne vivent qu'un jour ; ceux qui, par conséquent, meurent à la mi-journée partent à un âge assez avancé ; ceux qui meurent au coucher du soleil partent complètement décrépits, surtout le jour du solstice d'été. Mettons en parallèle l'existence la plus longue et l'éternité : nous découvrons que la vie humaine n'est pas plus longue que celle de ces insectes.

Laissons donc tomber toutes les âneries que l'on entend (comment qualifier plus légèrement leur légèreté ?) et plaçons toute notre énergie à vivre bien, c'est-à-dire dans la fermeté et la grandeur d'âme, le mépris souverain des choses humaines, en un mot dans la seule vertu. Car, pour l'heure, nous voilà gagnés, telles des femmes, aux conceptions les plus fantaisistes, au point que si la mort survenait avant que ne se soient réalisées les prédictions des Chaldéens nous aurions l'impression d'être spoliés de biens considérables, joués, floués. Si l'attente et le désir nous jettent dans l'anxiété, dans le tourment, dans l'angoisse, grands dieux, quelle perspective heureuse que ce voyage au terme duquel il n'y aura plus trace de souci ni d'inquiétude !

Si l'âme est immortelle, la mort n'est qu'un passage

J'admire énormément Théramène ! Quelle âme supérieure ! Nous avons beau pleurer à la lecture du récit de la mort d'un être aussi remarquable, celle-ci n'a rien d'affligeant : jeté en prison sur l'ordre des trente tyrans, il but le poison comme s'il était assoiffé puis jeta le reste de la coupe avec bruit et, satisfait, dit en souriant : « A la santé du beau Critias ! » (l'homme qui avait agi le plus abominablement envers lui), suivant en cela la coutume grecque qui consiste à nommer, au cours d'un festin, celui à qui on porte un toast. Ainsi plaisanta à son heure dernière, au moment exact où la mort qu'il avait absorbée envahissait son cœur, cet homme exceptionnel. Ce faisant, il annonçait clairement, pour celui à qui il faisait l'hommage de son poison, une mort qui eut effectivement lieu peu après. Si l'on est convaincu que la mort est un mal, peut-on, une fois confronté à elle, continuer à faire l'éloge d'un tel sang-froid ?

Quelques années plus tard, c'est dans la même prison que se rend Socrate, où l'attend le même breuvage, à cause de juges aussi scélérats que les tyrans de Théramène. Quelles sont donc ses paroles lorsque Platon nous le montre, comparaissant devant ses juges et déjà condamné à mort ?

« Un ferme espoir m'anime, juges, car être envoyé à la mort est un bonheur pour moi. De deux choses l'une, en effet : soit la mort nous enlève toute conscience, soit elle est un passage d'ici-bas vers un autre séjour ; par conséquent, si la mort est l'extinction de tout sentiment et ressemble à l'un de ces sommeils sans rêves qui nous apportent parfois un si profond repos, grands dieux, quel avantage ! Comment préférer le jour à une telle nuit ? Et s'il doit en être ainsi pour toute l'éternité, qui est plus heureux que moi ? S'il est vrai au contraire, comme on le dit, que la mort est un voyage vers les bords habités par ceux qui ont quitté la vie, le bonheur est encore bien plus grand. Avoir échappé à des gens qui se prenaient pour des juges, parvenir jusqu'à ceux qui sont dignes de cette appellation : Minos, Rhadamante, Éaque, Triptolème, et se retrouver en compagnie d'êtres de justice et de loyauté ! Est-ce à vos yeux un voyage ordinaire ? Et la possibilité de dialoguer avec Orphée, Musée, Homère, Hésiode, qu'en faites-vous donc ? Je voudrais, quant à moi, mourir plusieurs fois pour avoir le loisir de visiter pareil séjour ! Quel plaisir, alors, que de rencontrer Palamède, Ajax, et les autres victimes de jugements iniques ! Pouvoir éprouver la sagesse du grand roi qui conduisit vers Troie ses puissantes armées, et celle d'Ulysse, et celle de Sisyphe, sans pour autant risquer, en les interrogeant comme je l'ai fait ici, d'être condamné ! Quant à vous, qui vouliez m'acquitter, n'ayez pas non plus peur de la mort. Car il ne peut rien arriver de mal à un juste, qu'il soit mort ou vivant ; les dieux immortels ne peuvent en aucun cas l'abandonner et ce qui m'arrive ici n'est pas gratuit. Pour ceux qui m'ont accusé et condamné, je n'ai pas de raison de leur en vouloir, sinon d'avoir pu croire qu'ils me faisaient du mal[23]. » Voilà la teneur de son discours ; la fin en est particulièrement belle : « Mais il est temps de partir, moi vers la mort, vous vers la vie ; le meilleur sort des deux, les dieux immortels le connaissent, mais je ne crois pas qu'aucun homme puisse y parvenir. »

J'aimerais mieux, en ce qui me concerne, avoir

une telle âme qu'être à la place de ceux qui l'ont condamné. Il affirme que personne, hormis les dieux, ne sait quel est le meilleur sort des deux alors qu'il le sait parfaitement : il l'a dit auparavant ; mais il va jusqu'au bout du principe qu'il s'est fixé : ne rien affirmer. Pour nous, tenons-nous en à la conviction que ce que la Nature a donné à tous ne peut recéler aucun mal et entendons par là que si la mort était un mal, le mal serait éternel ; en réalité, la mort met un terme à une vie de misère ; si c'est elle qui est misère, elle ne peut mettre de terme à rien.

Mais pourquoi évoquer Socrate ou Théramène, ces parangons de vertu et de sagesse, et non cet obscur Lacédémonien dont on n'a même pas retenu le nom et qui fit preuve de tant de mépris devant la mort ? Condamné par les Éphores, il fut conduit au supplice avec un air heureux et détendu, et à un homme qui lui disait avec hostilité : « Avoue-le, tu méprises les lois de Lycurgue ? », voici ce qu'il répondit : « Mais non, je lui suis fort reconnaissant de m'avoir infligé une amende dont je pouvais m'acquitter sans emprunt ni transfert de dette. » Voilà un vrai Spartiate ! Il ne pouvait être, à mon avis, qu'innocent de ce dont on l'accusait, pour montrer une telle grandeur d'âme. Notre patrie a connu d'innombrables exemples de ce type. Pourquoi se limiter aux généraux et aux chefs d'État quand des légions entières, aux dires de Caton, sont tant de fois parties avec allégresse pour des destinations d'où elles ne pensaient pas revenir ? C'est avec le même courage que les Lacédémoniens se sont fait tuer aux Thermopyles, d'où l'épitaphe de Simonide :

Dis à Sparte, étranger, que tu nous as vus ici,
Morts dans l'obéissance aux lois sacrées de la patrie.

Que dit leur chef, le grand Léonidas ? « En avant, vaillants Lacédémoniens ! Aujourd'hui, nous allons peut-être dîner aux Enfers. » Tant que les lois de Lycurgue furent en vigueur, cette nation fut pleine de bravoure. Par exemple, face à un ennemi perse qui paradait au cours d'une rencontre diplomatique, disant : « La multitude de nos flèches et de nos javelots vous empêchera de voir le soleil », un Spartiate eut cette réponse : « Eh bien, nous nous battrons à l'ombre ! » Je parle là des hommes ; mais... et cette femme qui, ayant appris que son fils était mort au combat, s'écria : « Je l'avais mis au monde pour cela, pour qu'il devienne un homme capable de mourir sans hésiter pour sa patrie. » ?

Spartiates valeureux et durs au mal, certes ; efficacité incontestable d'un régime politique. Mais quoi ! N'allons-nous pas citer le philosophe cyrénéen Théodore* qui est loin d'être un inconnu ? Menacé de la croix par le roi Lysimaque, il lui répliqua : « Je t'en prie, c'est à tes gens, tes courtisans, qu'il faut réserver ces choses horribles ; il est indifférent à Théodore de pourrir sous la terre ou à l'air libre. »

Évitons toute confusion entre l'âme et le corps

Cela me rappelle qu'il serait souhaitable de dire un mot des cérémonies d'enterrement ; la chose est aisée, surtout lorsque l'on sait, comme je l'ai dit plus haut, qu'un mort ne sent plus rien. Ce qu'en pense Socrate apparaît clairement dans l'ouvrage consacré au récit de sa mort, que j'ai déjà abondamment cité. Après avoir examiné la question de l'immortalité de l'âme, il est interrogé par Criton – l'heure de sa mort étant proche – sur la manière dont il veut être enterré et répond : « Eh bien, mes amis, je me suis donné beaucoup de mal pour rien ! Je n'ai pas réussi à convaincre notre cher Criton que je m'envolerai d'ici sans y laisser quoi que ce soit de moi-même. Si toutefois, Criton, tu peux me rejoindre, ou si tu me retrouves quelque part, enterre-moi à ta convenance. Mais, crois-moi, aucun de vous, quand je serai parti, ne pourra me suivre. »

Réponse admirable, par laquelle Socrate laissait le champ libre à son ami et se montrait complètement détaché de toute cette affaire.

95

Diogène* se montra plus intransigeant et, tout en étant du même avis que Socrate, c'est en cynique, de façon péremptoire, qu'il demanda que son corps soit abandonné sans sépulture.

— Aux oiseaux et aux bêtes sauvages ! s'exclamèrent ses amis.

— Pas le moins du monde, leur répondit-il, vous mettrez près de moi un bâton pour les chasser.

— Comment le pourras-tu puisque tu ne sentiras rien ?

— Dans ce cas, quelle importance, que je sois dévoré par les bêtes sauvages ?

Magnifique réponse, aussi, d'Anaxagore* mourant à Lampsaque et à qui ses amis demandaient s'il désirait, en cas de malheur, être ramené chez lui, à Clazomènes : « Ce n'est pas nécessaire : d'où que l'on parte, le chemin des Enfers est le même. » Ce qu'il faut retenir de tout ceci, c'est que la sépulture concerne le corps, que l'âme périsse ou survive ; et quelle que soit l'hypothèse choisie, anéantissement ou séparation d'avec le corps, il est clair que ce dernier ne conserve aucun sentiment.

Mais l'ignorance triomphe en ce domaine : Achille traîne Hector attaché à son char, croyant sans doute que celui-ci souffre de ses blessures. Le voilà donc qui savoure une vengeance illusoire ; autre attitude, celle de sa femme pleurant la plus atroce des humiliations :

J'ai vu, vision qui fut pour moi la pire des souffrances,
Hector traîné derrière un char tiré par quatre chevaux [24].

Quel Hector ? Pour combien de temps encore ?
Accius voit mieux les choses, et donne à Achille une
lueur de lucidité :

Mais non, ce n'est que son corps que j'ai rendu à Priam ;
J'ai réduit Hector à néant [25].

Ce n'est donc pas Hector que tu as traîné, mais le
corps qui avait appartenu à Hector !

En voici un, maintenant, qui sort de terre pour
empêcher sa mère de dormir :

Mère, je t'appelle ; toi qui oublies ta peine dans le sommeil
Et qui n'as pas pitié de moi, lève-toi, ensevelis ton enfant [26].

Ces vers, chantés sur une mélodie lente et tou-
chante, provoquent l'émotion de tout un public ;
comment faire admettre, alors, que les morts ne
souffrent pas d'être privés de sépulture :

Avant que les bêtes et les oiseaux...

Il redoute d'avoir un moins bon usage de ses
membres mis en pièces, mais il ne s'épouvante pas
d'être réduit en cendres :

Que mes restes à demi rongés et tout visqueux du sang coagulé,
Que mes os décharnés ne traînent pas affreusement par terre.

Je ne vois pas ce qu'il redoute, pendant qu'il nous

débite, accompagné à la flûte, de si bons heptasyllabes !

Nous n'avons pas à nous soucier de ce qu'il y a après la mort, malgré ceux — et ils sont nombreux — qui tirent vengeance de cadavres ; ainsi de Thyeste qui, au tout début de ses imprécations en vers de fort belle allure (que nous devons à Ennius), souhaite qu'Atrée périsse dans un naufrage : terrible souhait, car une telle mort implique d'atroces souffrances ; mais voilà le leurre :

Qu'il soit empalé sur des rochers aigus, éventré, les entrailles
Pendantes, inondant la pierre de pus, de bile et de sang noir.

Lesdits rochers s'en ressentiront tout autant que l'homme aux « entrailles pendantes », objet de la haine de Thyeste ; une telle torture serait affreuse, s'il sentait quelque chose ; elle est nulle, puisqu'il ne sent rien. Et voici un leurre de plus :

Pas de sépulcre pour l'accueillir, pas de port pour son corps
Où, détaché de la vie, il puisse apaiser ses maux.

Tu vois l'égarement de tout cela : croire qu'un cadavre a besoin d'un port et trouve le repos dans la tombe ! Grave faute de Pelops, qui n'a pas su instruire son fils en lui apprenant la mesure en toutes choses.

Mais pourquoi blâmer ces croyances individuelles quand on peut déceler de multiples aberrations chez des peuples entiers ? Les Égyptiens embaument les cadavres et les gardent chez eux ; les Perses, quant à eux, les ensevelissent après les avoir enduits de cire afin de conserver les corps le plus longtemps possible ; chez les Mages, la coutume veut que l'on n'inhume pas les corps des proches avant de les avoir fait déchirer par les bêtes sauvages ; en Hyrcanie, le peuple a ses chiens, nourris par la collectivité, et les riches ont les leurs ; chiens, on le sait, d'une race réputée, que chacun se procure selon ses moyens pour se faire déchirer par eux : apparemment, la plus belle des sépultures ! Chrysippe, en historien consciencieux, a recensé beaucoup d'autres coutumes dont quelques-unes si horribles que je préfère éviter d'en parler ; il faut traiter tout cela par le mépris, sans être pour autant indifférent à nos semblables mais en sachant bien, nous vivants, que les cadavres ne sentent plus rien ; quant à respecter les coutumes populaires, c'est l'affaire des vivants, certes, pourvu qu'ils soient convaincus que cela ne fait aux morts ni chaud ni froid.

On envisage la mort avec sérénité si, au moment de mourir, on peut être fier de sa vie. Une vie qui s'est entièrement vouée à la pratique de la vertu n'est jamais trop courte ; j'ai, bien souvent, moi-même été sur le point de mourir. Ah ! si j'avais pu le faire ! Je n'avais plus besoin de rien, j'avais rempli tous mes devoirs, je n'avais plus qu'à me battre avec le destin. J'en conclus que si la raison pure ne réussit pas à nous rendre indifférents à la mort, il faut que nos actions nous persuadent que nous avons assez et même trop vécu. J'ai déjà dit que les morts perdent tout sentiment mais, tout insensibles qu'ils soient, les bienfaits de la louange et de la gloire qui leur sont attribuées ont leur importance ; car si la gloire n'a pas en soi à être recherchée, elle suit la vertu comme son ombre et, toutes les fois que l'opinion publique se prononce en faveur des gens de bien, c'est à elle qu'en revient le mérite plus qu'à ceux qui ont trouvé là leur bonheur. Je ne puis dire du reste, quoiqu'on en pense, qu'en tant que législateurs, organisateurs d'institutions civiques, Lycurgue ou Solon aient désiré la gloire ; je n'en dirai pas plus de Thémistocle et d'Épaminondas en tant que génies militaires. De même, Salamine sera engloutie par les eaux avant que ne disparaisse le souvenir de ses victoires, et Leuctres, en Béotie, disparaîtra avant la gloire attachée à la bataille qui porte son nom. On aura plus de mal encore à oublier la renommée d'un Curius, d'un Fabricius, d'un Calatinus, des deux Scipions, des deux Africains, et Marcellus, Maximus, Paulus, Caton, Lélius et tant d'autres ; celui qui sera parvenu à leur ressembler quelque peu, non pour obtenir une quelconque popularité mais l'estime profonde des honnêtes gens, abordera, quand le

100

moment sera venu, la mort avec confiance, puisque nous avons vu qu'elle est le souverain bien ou l'absence de mal. Au comble du bonheur, il souhaitera même mourir, car un surcroît de bonheur nous enchante mais pas autant que sa diminution ne nous affecte. C'est là, apparemment, ce que voulait faire comprendre un Laconien à Diagoras de Rhodes, champion des Jeux olympiques, dont les deux fils avaient été vainqueurs le même jour à Olympie ; il s'avança vers lui et le félicita ainsi : « Tu peux mourir, Diagoras, car tu as déjà atteint le ciel. » Les Grecs attachent – ou plutôt attachaient – une grande importance, trop peut-être, à ces victoires et celui qui s'exprimait ainsi trouvait extraordinaire que trois champions aient été issus d'une même famille ; d'où l'idée que Diagoras n'avait pas besoin de s'exposer aux coups du sort en prolongeant son existence.

La mort est délivrance, le mépris de la mort est liberté

Mes premières réponses étaient brèves et me paraissaient suffisantes dans la mesure où tu convenais avec moi que les morts n'éprouvaient aucun mal ; ce qui m'a poussé à développer mon propos, c'est que cette idée est, dans le deuil d'un être cher, une immense consolation. En effet, nous sommes obligés, pour ne pas avoir l'air égoïste, de supporter sans faiblir les peines qui touchent à notre personne ou à notre situation ; mais ce qui nous torture d'une manière intolérable, c'est de nous dire avec angoisse que ceux que nous avons perdus continuent à éprouver, comme le croit le commun des mortels, toutes sortes de maux. C'est cette croyance que j'ai voulu extirper de moi-même ; voilà pourquoi j'ai peut-être été un peu long.

— Un peu long ? Pas pour moi en tout cas. Pendant la première partie de ton exposé, tu m'as fait désirer la mort ; pendant la deuxième, j'ai oscillé entre l'indifférence et la sérénité ; le résultat, je te l'assure, c'est que, pour moi, la mort ne fait plus partie des maux.

— Bien. Est-il donc nécessaire que j'y ajoute une péroraison ou dois-je maintenant mettre mon métier définitivement de côté ?

— Ne mets surtout pas de côté un métier à la gloire duquel tu as toujours contribué, et à juste titre, reconnaissons-le, puisqu'il en a fait autant pour toi. Quelle est donc ta péroraison ? J'ai hâte de l'entendre.

— Dans les écoles de philosophie, on a coutume de mettre en avant, pour traiter de la mort, les décisions divines ; il ne s'agit pas là d'affirmations gratuites mais de références sérieuses aux écrits d'Hérodote et de beaucoup d'autres auteurs. Voyons d'abord la légende bien connue des fils d'une prêtresse argienne, Cléobis et Biton. Comme chaque année, cette prêtresse devait être rituellement conduite, en char, à date fixe, jusqu'à un sanctuaire éloigné de la ville, pour un sacrifice. L'attelage tardant à venir, les deux jeunes gens dont je viens de te parler se déshabillèrent, se frottèrent le corps d'huile et s'attelèrent au char ; c'est ainsi que la prêtresse, conduite par ses deux fils, parvint au sanctuaire, et l'histoire nous dit qu'elle demanda pour eux à la déesse, en récompense de leur piété, le plus grand bonheur qu'un être humain puisse recevoir d'un dieu. Après avoir participé au festin avec leur mère, ils partirent se coucher. Au matin, on les retrouva morts.

Il en fut de même pour Trophonius et Agamède. Architectes du temple d'Apollon, à Delphes, ils vinrent l'adorer et lui demandèrent un salaire à la mesure de l'ouvrage et de leur peine soit, sans autre précision, le plus grand bien pour un être humain. Apollon leur laissa entendre qu'il le leur donnerait trois jours plus tard ; lorsque ce jour se leva, on les retrouva morts.

Il s'agit là d'une décision divine ; celle, précisément, du dieu auquel tous les autres ont dévolu par excellence l'art divinatoire.

On raconte aussi une anecdote à propos de

Silène ; prisonnier de Midas, voici comment il le remercia de l'avoir libéré : il lui expliqua que le tout premier bonheur était, pour l'homme, de ne pas naître, et le second celui de mourir. Euripide a repris cette idée dans *Cresphonte* :

Nous devrions nous lamenter durant nos fêtes de famille,
A l'occasion de la naissance d'un enfant,
A la pensée de tous les maux de l'existence,
Et quand la mort aura mis un terme à nos lourdes épreuves,
Nous faire accompagner joyeusement par tous nos amis.

Il en est de même dans la *Consolation* de Crantor : un certain Élysius de Térina, profondément touché par la mort de son fils, était allé demander, en un lieu où l'on évoque les âmes, la raison d'un si grand malheur ; on lui remit les trois petits vers que voici :

Les êtres à l'esprit faible errent dans l'existence ;
Euthynous est entré dans la mort par volonté divine,
Sa fin est un bienfait et pour lui et pour toi.

De tels auteurs nous confirment que nous avons bien affaire à une décision divine. Du reste, l'un des plus célèbres orateurs de l'Antiquité, Alcidamas, a écrit un panégyrique de la mort dans lequel il énumère tous les maux de l'humanité ; l'ouvrage manque d'esprit de méthode – apanage des philosophes – mais présente de grandes qualités de style.

Quant à la mort illustre de ceux qui se sont sacrifiés pour leur patrie, les orateurs la considèrent comme glorieuse, bien sûr, mais aussi comme heureuse, citant l'exemple d'Érechthée, dont les filles revendiquèrent l'honneur de mourir pour sauver leurs concitoyens ; ou encore celui de Codrus, qui se jeta au milieu des ennemis déguisé en esclave (ses vêtements royaux l'auraient fait reconnaître) parce que l'oracle avait dit qu'Athènes serait victorieuse si son roi faisait le sacrifice de sa vie. Sans oublier ni Ménoécée qui, lui aussi, se soumit à l'oracle en offrant son sang à la patrie, ni Iphigénie qui ordonna elle-même, à Aulis, qu'on la conduisît au supplice « pour que l'effusion de son sang provoque celle des ennemis ».

Venons-en à des faits plus proches de nous ; les noms d'Harmodius et d'Aristogiton sont sur toutes les lèvres, le Spartiate Léonidas, le Thébain Épaminondas sont à l'honneur ; il serait difficile d'énumérer la liste de tous nos compatriotes, moins célèbres, mais dont on envie également la mort glorieuse.

Quoi qu'il en soit, il faut une bonne dose d'éloquence – presque une tribune aux harangues ! – pour inciter les gens à désirer la mort ou, au moins, à ne plus la craindre. Pourtant, si cette fameuse dernière heure n'entraîne pas notre anéantissement mais un simple déplacement dans l'espace, quoi de plus enviable ? Si au contraire, elle nous détruit radicalement, quoi de plus doux que de s'endormir au plus fort d'une vie de souffrances et connaître la paix du repos éternel ? Dans ce cas, je préfère les paroles d'Ennius à celles de Solon. Écoutons le premier :

> *Ne m'honorez pas de vos larmes,*
> *Ne pleurez pas sur mon tombeau.*

Le célèbre sage, pour sa part, nous dit :

> *Que ma mort ne reste pas sans larmes ;*
> *Que mes amis gardent bien leur chagrin,*
> *Et m'enterrent dans l'affliction.*

Quant à nous, s'il arrive que nous ayons à quitter la vie par décision divine, acceptons-le dans l'allégresse et la reconnaissance à la pensée que c'est là notre délivrance, qu'on nous ôte nos chaînes afin que nous regagnions l'éternité, notre véritable séjour, et que nous soyons dégagés de tout sentiment ou souci. Même si cet arrêt n'intervient pas, restons persuadés que ce jour, si horrible pour d'autres, sera pour nous un jour de joie et ne voyons aucun mal à ce qui est voulu par les dieux immortels ou par notre mère à tous, la Nature. Car nous n'avons pas été créés et mis au monde pour rien, ni au hasard ; il existe une puissance protectrice qui ne peut avoir voulu la naissance et le développement du genre humain pour le plonger dans une mort éternelle après lui avoir fait subir les pires souffrances.

Pensons plutôt à cet état comme à un port, à un asile, et souhaitons d'y parvenir toutes voiles dehors. Mais si des vents contraires nous repoussent, sachons que tôt ou tard ils seront forcés de nous y ramener. Le destin qui s'applique à tous peut-il être néfaste à un seul ?

Voilà ma conclusion. J'espère n'avoir rien négligé ni omis.

— Pas le moins du monde ! Tu as encore raffermi mes convictions.

— Eh bien, c'est parfait. Mais il est temps pour nous de prendre un peu de repos ; nous continuerons demain et les jours suivants, ici, à Tusculum, en nous efforçant de trouver des remèdes aux douleurs, aux terreurs, aux passions. C'est l'objet essentiel de toute la philosophie.

NOTES

1 – Ouvrage historique en sept livres de Caton l'Ancien (234-149 av. J.-C.)

2 – Polyclète était architecte et statuaire (Ve siècle av. J.-C.) ; Parrhasios, ou Parrhasius, était peintre (IVe siècle).

3 – Vers d'une tragédie inconnue.

4 – Corculum, signifiant sagesse, est le surnom de Scipion Nasica ; le mot est dérivé de *cor* : le cœur, l'intelligence, l'esprit.

5 – Deucalion, ancien roi de Phtie, fils de Prométhée. C'est le Noé de la mythologie grecque : on dit qu'il repeupla la terre après un déluge, en jetant des pierres derrière lui, qui donnèrent naissance à des hommes ; son épouse, Pyrrha, en fit autant et les pierres donnèrent naissance à des femmes.

6 – Comédie de Caecilius, imitée de Ménandre.

7 – C'est une épitaphe qu'Ennius a rédigée pour lui-même et que les Romains connaissaient par cœur. Cicéron n'en cite donc que le début et la fin.

8 – Vers d'une tragédie inconnue.

9 – Plaisanterie de Cicéron, dont le nom de famille était Tullius et qui feint de descendre de Servius Tullius.

10 – Extrait de *Médée*, d'Ennius.

11 – Extrait des *Annales*, d'Ennius.

12 – Extrait d'*Andromaque*, d'Ennius.

13 – Simonide avait, disait-on, inventé la mnémotechnie ; Théodecte était un poète tragique ; Hortensius un célèbre orateur contemporain de Cicéron.

14 – Le planétaire, construit par Aristote, ne comportait ni Neptune, ni Uranus, que les anciens ne connaissaient pas.

15 – Ganymède, le plus bel adolescent vivant sur terre, était le fils du roi Tros, mais également, pour Euripide, celui du roi Laomédon. Il fut choisi par les dieux pour devenir l'échanson de Zeus et celui-ci tomba amoureux de lui. Ce mythe était extrêmement populaire en Grèce et à Rome ; il constituait une justification religieuse de l'amour d'un homme mûr pour un jeune garçon.

16 – Ouvrage écrit par Cicéron après la mort de sa fille Tullia, en 45.

17 – Extrait de *Philoctète*, d'Accius.

18 – Extrait des *Euménides*, d'Ennius.

19 – Extrait d'*Andromaque*, d'Ennius.

20 – Séléné, c'est-à-dire la Lune, avait plongé Endymion, dont elle était amoureuse, dans un sommeil perpétuel. Ainsi, il ne connut jamais la vieillesse. Sa légende est le symbole d'un bonheur éternel, dans un séjour où l'âme est délivrée du corps. Les défaillances de Séléné, dont parle Cicéron ici, sont ses éclipses.

21 – Troïlus, l'un des nombreux fils de Priam, mourut pendant la guerre de Troie.

22 – Vers d'origine inconnue.

23 – Extrait de l'*Apologie de Socrate*, de Platon.

24 – Extrait d'*Andromaque*, d'Ennius.

25 – Extrait d'une tragédie inconnue.

26 – Extrait d'*Iliona*, de Pacuvius, ainsi que les vers suivants.

REPÈRES PHILOSOPHIQUES

Notice établie par Danièle Robert

Anaxagore (ve siècle av. J.-C.) : philosophe ionien contemporain de Périclès qui s'enorgueillissait d'être son élève. Cette amitié et les origines perses d'Anaxagore lui valurent d'être accusé d'impiété, ainsi que Protagoras et Aspasie. Sa mort à Lampsaque est incertaine mais son attitude devant la mort, que Cicéron donne en exemple, est confirmée par la phrase qu'il prononça en apprenant la mort de son fils : « Je savais que j'avais engendré un mortel ! »

Aristote (385-322 av. J.-C.) : l'un des plus brillants disciples de Platon. Véritable fondateur de la logique et prodigieux organisateur du savoir. La doctrine des « catégories » propose une liste de concepts fondamentaux qui désignent les genres les plus généraux de l'être – essence, quantité, relation, qualité, temps, lieu, situation, action et passion, avoir –, au-delà desquels il n'y a plus un genre mais un « transcendantal ».

Dans le traité *Du Ciel*, il distingue quatre éléments constitutifs des régions sublunaires (air, feu, eau, terre) qui se transforment continuellement les uns dans les autres et un cinquième (la « quintessence » des scolastiques) dont la particularité est de ne se mélanger à aucun des quatre autres, ce qui assure la permanence du ciel. Cette permanence est celle d'un mouvement circulaire et éternel. Ce cinquième élé-

115

ment, qu'Aristote nomme « entéléchie », serait la substance de l'âme, qui n'est pas seulement végétative comme celle des plantes, ou sensitive comme celle des animaux, mais aussi « intellective ».

Aristoxène de Tarente : disciple d'Aristote surnommé « le Musicien », à qui l'on doit de nombreux ouvrages dont les *Éléments de rythmique* et les *Éléments d'harmonique*.

Chrysippe (280-vers 200 av. J.-C.) : chef de file de ce que l'on appelle l'« ancien stoïcisme » ; c'est à lui que l'on doit le renom de l'école du Portique.

Démocrite (vᵉ/ivᵉ siècle av. J.-C.) : son œuvre, dont il ne nous reste que quelques fragments, est immense. Au plan doctrinal, son maître est Leucippe (théorie atomiste). Les atomes diffèrent par leur forme, leur arrangement et leur position dans le cosmos et sont mus par un mouvement originaire, naturel et nécessaire, dans toutes les directions : ainsi naissent et se développent les agrégats que nous appelons corps. L'Univers (ou le Tout) n'a été fabriqué par rien ni par personne et son fonctionnement est entièrement déterminé par le hasard et la nécessité.

Dans sa théorie de l'âme (ou plutôt de la *psychè*), Démocrite utilise strictement les schèmes atomistiques pour rendre compte des caractères fondamentaux de l'être vivant : motricité, chaleur, respiration et sensibilité, c'est-à-dire tout ce dont la mort marque la cessation. Sa pensée est foncièrement matérialiste.

Dicéarque de Messine (ivᵉ siècle av. J.-C.) : philosophe péripatéticien, disciple d'Aristote. Il professe la théorie de l'âme-harmonie exposée par Simmias dans le *Phédon*. L'âme est un épiphénomène du corps, unité du corps et rapport naturel de ses parties ; elle n'a pas de réalité substantielle et n'est pas immortelle. Seul le corps existe, à proprement parler.

Diogène (ve siècle av. J.-C.) : modèle auquel les cyniques tenteront de se conformer. Humour, ironie socratique, provocations diverses sont les moyens qu'il utilise pour faire réfléchir ses concitoyens.

Empédocle d'Agrigente (env. 490- 435 av. J.-C.) : figure charismatique à qui l'Antiquité a attribué toutes sortes de prodiges. Lui-même se considérait comme médecin, mage, guérisseur des âmes et des corps. L'un des maîtres de l'art du discours. Il est le premier à utiliser les quatre éléments comme sources d'explication de l'univers, les « racines » de toutes choses. Rien ne peut être créé *ex nihilo*, rien ne disparaît totalement, ce sont les éléments mélangés qui parviennent à la lumière sous forme d'homme ou de quelque espèce que ce soit. Les éléments se composent et se décomposent en obéissant à deux forces, à la fois contraires et complémentaires, qu'Empédocle nomme Amour et Haine (force unificatrice et force destructrice) ; le mouvement, le devenir existent, ils sont l'envers de la haine, la métamorphose est la vérité première et dernière de la vie.

Épicure (341-271 av. J.-C.) : fondateur de l'épicurisme, doctrine complexe qui se décompose en trois parties : la canonique (ou théorie des règles et critères du jugement), la physique et l'éthique. Sur la question de la mort, la position d'Épicure est la suivante : elle n'a aucune relation avec nous ; ou bien nous sommes, et elle n'est pas ; ou bien elle est, et nous ne sommes pas. Nous n'avons ni à la désirer ni à la craindre car elle n'est ni un bien ni un mal. La vie est une totalité close dont la longueur est sans importance. L'épicurien ignore la nostalgie de l'immortalité.

Hégésias de Cyrène (IVᵉ/IIIᵉ siècle av. J.-C.) : philosophe de l'école cyrénaïque surnommé « le Persuadeur de la mort » car il prônait le suicide dans tous les cas. Le plaisir est le bien unique et affaire purement subjective, mais il s'éprouve, dans la vie, de manière incertaine et irrégulière. Il ne peut donc remplir la vie, ni assurer une continuité du bonheur. Aussi le sage doit-il, plutôt que rechercher le plaisir, s'efforcer de fuir la douleur par l'indifférence et par la mort.

Hésiode (VIIIᵉ/VIIᵉ siècle av. JC) : deux seulement de ses œuvres nous sont parvenues : *La Théogonie* et *Les travaux et les jours*. Tous les mythes abordés dans la première illustrent l'affrontement entre la *dikè* (justice) et l'*hubris* (démesure), soit entre l'ordre et le chaos. Prométhée et Pandore en sont les deux figures emblématiques.

Métrodore de Scepsis (IIᵉ/Iᵉʳ siècle av. J.-C.) : philosophe de la nouvelle Académie, disciple de Charmadas. Homme de grand savoir et de libre parole, politiquement antiromain, il fut du parti de Mithridate Eupator mais celui-ci le fit mettre à mort en 70.

Panétius (vers 180-vers 110 av. J.-C.) : principal représentant du moyen stoïcisme. Partagea sa vie entre Athènes et Rome. Influencé par Carnéade mais aussi par Platon et Aristote, il préfère à la théorie de l'éternel retour et de la conflagration universelle la thèse de l'éternité du monde ; de même, il distingue dans l'âme une partie irrationnelle et une partie rationnelle. Son œuvre est entièrement perdue.

118

Phérécyde de Syros (ve siècle av. J.-C.) : le premier philosophe à avoir soutenu la thèse de l'immortalité de l'âme. Pythagore fut l'un de ses disciples.

Platon (427-347 av. J.-C.) : disciple de Socrate et fondateur de l'Académie. La dialectique platonicienne, issue de la maïeutique socratique, est un instrument de travail permettant à la pensée, motivée par le désir d'immortalité qui l'anime, de s'améliorer en vue d'une approche de plus en plus adéquate de la vérité. L'âme humaine est originaire du monde supracéleste où se trouvent les réalités transcendantes que sont les Idées. En pénétrant dans un corps, elle est déchue de ses droits et ne conserve qu'un vague souvenir de son existence antérieure. La connaissance est une remémoration, une « réminiscence » de cette existence.

Pythagore (vi^e siècle av. J.-C. ; né vers 580) : Le trait original du pythagorisme tient dans la souveraineté et la sagesse du Nombre (nombre entier positif) ; de là partent les spéculations géométriques (théorie du Nombre d'or, entre autres), harmoniques (conception de l'unité de mesure musicale, le ton, compris comme l'intervalle de la quarte et de la quinte) et cosmologiques (voie ouverte vers l'héliocentrisme), dont la dimension morale et religieuse est extrêmement profonde : la foi en l'immortalité de l'âme, née de ces spéculations, sera reprise et diffusée dans tout l'Occident par le platonisme puis le christianisme. Le monde terrestre est un lieu de passage où, pour un certain temps, l'âme se fait gardienne de la prison du corps ; lorsque ce dernier meurt, elle prend son envol vers les sphères célestes d'où elle reviendra animer une nouvelle existence.

Socrate (469-399 av. J.-C.) : on sait que les deux interprètes majeurs de la pensée de Socrate sont Platon et Xénophon. Nombreux sont les qualificatifs qui le désignent : sage, saint, musicien, la torpille, la mouche, le Silène. Durant les trente jours qui séparent son procès de son exécution, il s'entretient longuement, avec les juges qui l'ont reconnu innocent, de la question suivante : est-il vrai que la mort soit un mal ? D'où l'importance que Cicéron lui accorde dans sa démonstration.

Théodore de Cyrène, dit l'Athée (IVe/IIIe siècle av. J.-C.) : porte jusqu'à leur point extrême les principes d'Aristippe, fondateur de l'école cyrénaïque : seule compte la subjectivité, donc tout est permis pourvu que l'on en retire du plaisir ; Théodore nie la valeur de l'amitié, du sacrifice pour la patrie, ainsi que l'existence du divin. Le bien se situe dans la disposition joyeuse de l'âme, la sérénité que procure l'intelligence, indépendante du plaisir et de la douleur proprement dits.

Théophraste (vers 372-285 av. J.-C.) : son vrai nom était Tyrtame ; le surnom de Théophraste signifie « le divin parleur ». Élève de Platon à l'Académie, puis d'Aristote qui le désigna, à sa mort, comme son successeur à la tête du Lycée. Il le dirigea pendant un quart de siècle. De son œuvre immense, nous n'avons conservé que deux ouvrages : une *Histoire des plantes* en neuf livres et un traité : *Des causes des plantes* dont il reste six livres.

Xénocrate (IVe siècle av. J.-C.) : second successeur de Platon à l'Académie. Il identifia les Idées aux nombres mathématiques et fit des dieux les symboles des nombres premiers ; l'âme, de ce fait, devenait « un nombre qui se meut soi-même ». Le bien est dans l'unité, le mal dans le multiple. On attribue à Xénocrate un traité intitulé : *De la mort.*

Zénon de Cissium (IVᵉ/IIIᵉ siècle av. J.-C.) : fondateur de l'école stoïcienne. En physique, il professe que le monde est un grand organisme gouverné par un souffle divin ou feu primitif ; ce monde se modifie au moyen de longs cycles cosmiques interrompus par des conflagrations, et subit la loi de l'éternel retour. L'âme humaine est composée d'air et de feu, parties corruptibles de l'âme universelle qui, elle, est incorruptible. Les passions qui la dominent doivent être combattues et le sage doit rechercher une parfaite maîtrise de lui-même. Le souverain bien est dans la vertu.

ACHEVÉ D'IMPRIMER
EN MARS 1991
SUR LES PRESSES
DE L'IMPRIMERIE HÉRISSEY
A ÉVREUX (EURE)

N° d'édition : 0097
N° d'impression : 53987
Dépôt légal : mars 1991

Imprimé en France